# Wird Deutschland ausgemerkelt ?

Eine politische Bestandsaufnahme von
Urs Specht

Herstellung und Verlag
BoD – Books on Demand, Norderstedt
ISBN 978-3-7386-5628-2
Copyright by Urs Specht

# Nach dem Anschlag auf Charlie Hebdo

*„Das Schlachten hat begonnen!*

*Und es wird noch zunehmen.*

*Ich werde mich von solchen Leuten*

*jedenfalls nicht einschüchtern lassen.*

*Dann sterbe ich eben.“*

Akif Pirincci, Autor

Diese Äußerung von Akif Pirincci habe ich dem Focus vom 03/2015 entnommen.

# Inhaltsangabe

# Wird Deutschland ausgemerkelt?

## Vorwort

Bis vor wenigen Monaten war ich ein ganz normaler Bürger, angepasst in allen Bereichen. Etwas altmodisch vielleicht, weil mir die sogenannten alten deutschen Tugenden sehr wichtig erscheinen. Damit meine ich Werte, wie Fleiß, Treue Ehrlichkeit, Barmherzigkeit, Freundschaft. Meine politische Einstellung ist gemäßigt und traditionsverbunden.
Und bis zu einem gewissen Zeitpunkt schätzte ich diese Regierung, gegen die ich in den folgenden Seiten lospoltern werde. Hinter vorgehaltener Hand muss ich sogar gestehen, dass ich zu ihren Wählern zählte.

Doch von heute auf morgen werde ich ausgegrenzt und in eine politische Ecke gezwungen, in der ich gar nicht sein will. Ja, ich gebe zu, ich liebe mein Vaterland, meine Heimat und ich bin stolz ein Deutscher zu sein. Und um dieses Deutschland mache ich mir Sorgen, weil ich einfach Ängste verspüre, wenn täglich fremde Menschenmassen nach Deutschland wandern.
Ich merke, dass ich nicht zu den Gutmenschen gehöre, die mit Teddybären und Blumen die angebliche deutsche Willkommenskultur praktizieren.
Mir machen diese Menschen Angst. Nicht die Frauen und Kinder, sondern die vielen Männer, die gleich einem riesigen Heer unser Land besetzen und lauthals Forderungen stellen. Sehen so geschundene, furchtsame Flüchtlinge aus?

Und da ich mich nun nicht erfreut zeige und sich meine Gastfreundschaft in Grenzen hält, werde ich von der Regierung und den Medien dem dunklen Deutschland zugeordnet, dessen Menschen in allen Reden, in allen Zeitungsartikeln und TV-Kommentaren mit Nazis gleichgestellt werden.

Gehöre ich dem dunklen Deutschland an? Bin ich Rassist? Diese Gedanken schrecken mich, denn ich kann Pegida-Anhänger, die friedlich gegen eine Überfremdung unseres Landes demonstrieren, eigentlich verstehen. Mitleid heischende Presseberichte können mich nicht beruhigen.

Die Kanzlerin schwieg lange und hielt sich bedeckt, obwohl ein Großteil der Bevölkerung endlich auf eine Reaktion wartete. Erst als die Situation an einigen Orten eskalierte, traten die Kanzlerin und ihr Vize Gabriel endlich in Erscheinung. Leider aber nicht so, wie die meisten Bürger es erwartet hätten. Kein Wort der Beruhigung, kein Wort zur Lösung dieses Problems. Im Gegenteil. Gabriel sprach nach den Krawallen von Heidenau von Pack und dass man die aufgebrachte Bevölkerung wegsperren müsse, Frau Merkel meinte, das wäre nicht ihr Deutschland und teilte faktisch die Bürgerschaft in das dunkle und das bunte Deutschland auf.
Ich kann mich nicht erinnern, dass Herr Gabriel oder Frau Merkel sich je so oder ähnlich gegenüber Salafisten oder andere fragwürdige Gruppen in unserer Gesellschaft geäußert haben. Wo sind ihre Stimmen, wenn sich radikale Türken und Kurden Straßenschlachten liefern?

Gehören etwa kriminelle Großfamilien aus dem Libanon, die ganze Stadtteile in Berlin terrorisieren, zu unserem täglichen Leben? Jugendliche Diebesbanden mit Emigrantenhintergrund, die täglich durch Deutschlands Großstädte ziehen und alles klauen, was nicht niet- und nagelfest ist? Ist es das, was die Regierungsspitze unter Bunt versteht?

Als die Stimmung in der Bevölkerung immer ärgerlicher wurde und die Situation anfing insgesamt zu eskalieren, fühlte sich die Kanzlerin bemüßigt eine Erklärung abzugeben.
Es war für mich erschreckend, als sie unser Recht auf Asyl so definierte, dass jeder bei uns willkommen wäre, der Schutz bräuchte. Und zur Selbstbestätigung, dass sie mit ihrer Politik richtig lag, griff sie zu der Obama-Floskel „Yes we can", von ihr frei übersetzt „Wir schaffen das".

In diesem Zusammenhang fiel mir natürlich ein, dass Obama die meisten politischen Versprechungen nicht durchsetzen konnte und er mit seinem Spruch völlig daneben lag. Obama ist für mich ein Präsident, der nur bei sehr niederem Sonnenstand einen bemerkbaren historischen Schatten werfen wird, so wie seine beiden Bush-Vorgänger auch. Dieses theatralische Versprechen von Frau Merkel konnte die Bürgerängste nicht lindern. Die Botschaft hörten die Menschen wohl, allein es fehlte ihnen der Glaube.
Das war der Augenblick, in dem ich begriff, dass ich mich wirklich dem dunklen Deutschland nahe fühle.

Aber bin ich ein Rassist? Bin ich ein Nazi?

Ganz gewiss nein! Meine Frau und ich hatten viele Jahre ein Patenkind im Senegal und wir sorgten für dieses Mädchen bis ins Erwachsenenalter. Außerdem spenden wir auch heute noch regelmäßig für ein Schulprojekt im Dorf unseres ehemaligen Patenkindes.

Antisemit bin ich auch nicht. Eine gute Freundin war Jüdin. Ich schäme mich für den Holocaust und erkenne eine besondere Verpflichtung gegenüber der jüdischen Bevölkerung an. Außerdem möchte ich mit Hakenkreuzschmierereien oder Ähnlichem nichts zu tun haben. Es wäre eine Horrorvorstellung für mich, in das Jahr 1933 zurück katapultiert zu werden. Niemals würde ich eine Flüchtlingsunterkunft anzünden oder irgendeinem Menschen etwas zu leide tun.
Dennoch bleibe ich bei dem Entschluss, dem dunklen Deutschland anzugehören, denn ich fürchte und bange um mein Land, sorge mich um die Zukunft meiner Kinder und meiner Enkel. Quo vadis Germania?

Neugierig verfolgte ich ab diesem Augenblick das Meinungsbild meiner Umgebung, meiner Kontakte. War ich ein Außenseiter in meinem sozialen Umfeld?
Bald wurde ich hellhörig. Mir fiel nämlich auf, dass sich eigentlich viel mehr Leute dem dunklen Deutschland zuordnen mussten, als dem bunten.
Es gab also noch mehr wie mich, rechtschaffen, aber besorgt und wütend, wütend über die Behandlung durch

Kanzlerin Merkel und ihren Vize Gabriel.
Insgeheim hatten andere Politiker vielleicht auch Zweifel an der Einstellung ihrer Chefetage. Doch politische Karriere bedeutet häufig ein Buckeln nach oben und niemand wollte sich freiwillig der Gunst der Sonnenkönigin entziehen.
Somit stießen bald fast alle höheren Politiker  in Berlin ins gleiche Horn. Ihre Kommentare klangen abwertend bis beleidigend gegenüber den Menschen, die sich sorgten, die sich jedoch keineswegs mit dem Hakenkreuz identifizierten. Jeder, der sich kritisch äußerte wurde sofort rhetorisch ins braune Lager gedrängt, teilweise mit einer Sprache, die weit unter die Gürtellinie ging.

Nur die CSU-Abgeordneten in Berlin hielten sich zurück, widersprachen aber in dieser Zeit noch nicht, zumindest nicht öffentlich. Von der bayrischen CSU aus wird  augenblicklich nach langer Zurückhaltung auf Drängen der breiten Parteibasis eine kleine Palastrevolution eingeläutet. Hoffentlich nicht zu spät.
Als einzigen Politiker, der vor der bayrischen Offensive öffentlich Verständnis für die Sorgen einer breiten Bevölkerung zeigte, muss man hochachtungsvoll den Abgeordneten Wolfgang Bosbach (CDU) nennen. Er ist einer der wenigen Politiker, der seine eigene Meinung in allen Bereichen mit Mut und Ehrlichkeit vertritt. Bosbach scheut sich auch nicht, unbequeme Wahrheiten auszusprechen oder gar  Breitseiten auf die Qualität der Regierungsarbeit abzufeuern. Für Merkel, Gabriel und Freunde ist dieser Mann sicher oft unbequem und sorgt für Verstimmung. In meinen Augen und in den Augen

vieler anderer ist er aber einer der wenigen Politiker, die ihren Wählerauftrag wirklich wahrnehmen, und nicht abgehoben und fern der Realität hauptsächlich dem Lobbyismus frönen.

Ein typisches Beispiel ist für mich Unionsfraktionschef Volker Kauder.
Machen Sie sich bitte selbst ein Bild von der Weitsicht dieses Politikers, wenn Sie folgende Äußerungen Kauders bewerten!

Ausschnitte aus einem Interview mit Volker Kauder, veröffentlicht im Focus 3/2015 unter der Überschrift „Von Islamisierung kann keine Rede sein"

Der grauenhafte Anschlag in Paris erschüttert die ganze Welt. Fürchten Sie, dass nun die Islamgegner Aufwind bekommen?

Kauder: „Der schreckliche Anschlag  ist ein Terrorakt von unmenschlichen Fanatikern. Der islamische Terror ist vom Zentralrat der Muslime in Deutschland eindeutig verurteilt worden. Der islamische Terror darf keinesfalls mit dem Islam oder gar mit den Muslimen gleichgesetzt werden."

Wird es jetzt schwerer, gegen die Stimmungsmacher der Pegida zu argumentieren?
Kauder: „Es ist schäbig, den Anschlag nun innenpolitisch instrumentalisieren zu wollen. Vielmehr gilt es,

dass Europa und die Welt gegen den Terror zusammen-
stehen müssen."

Offenkundig haben einige im Land das Gefühl, dass Probleme mit dem Islam nicht offen zur Sprache kommen.
Ist Pegida auch ein Protest gegen das Wegsehen?

Kauder: „Was ich in den letzten Tagen von Pegida gelesen und gehört habe, war unerträglich. Slogans wie
„Sachsen bleibt deutsch", Attacken gegen Amerika, das
Schwenken russischer Fahnen - da kommt vieles zusammen, was die Grundprinzipien und die Erfolgsbasis unseres Landes in Frage stellt."

Worauf zielen Sie genau?

Kauder: „Unser Land bekennt sich zu klaren Werten, die
auch unser Grundgesetz formuliert. Wir sind in Deutschland heimatverbunden und weltoffen. Wir treiben mit allen Ländern Handel zu unserem Nutzen. Wir sind auf
internationalen Austausch angewiesen und dazu gehört,
dass Menschen aus der ganzen Welt zu uns kommen
können."

Und das macht Pegida zunichte?

Kauder: „Mit einer Politik, wie sie auf Pegida-Kundge-
bungen gefordert wird, könnten wir unseren Wohlstand
nicht bewahren. Die Wortführer der Demonstranten sind
Zukunftsverweigerer. Lassen Sie uns daher weniger
über diese unsäglichen Stimmungsmacher reden. Statt-

dessen sollten wir mehr auf die vielen Menschen schauen, die sich sozial engagieren - auch in der Betreuung von Flüchtlingen."

„Patriotische Europäer gegen die Islamisierung des Abendlandes" nennt sich die Truppe. Können Sie mit dem Begriff „Abendland" etwas anfangen?

Kauder: „Rein gar nichts. Uns prägt die christlich-jüdische Tradition und die ist den Menschen zugewandt. Jesus Christus hat gefordert Fremden Unterkunft zu geben und sie anzunehmen. Er selbst kam im Stall zur Welt, weil Maria und Josef keine Herberge fanden. Wenn Pegida-Leute Weihnachtslieder singen, besingen sie einen, dessen Botschaft sie durch ihre Wortbeiträge bekämpfen!"

Gibt es also keine Islamisierung Deutschlands?

Kauder: „Von einer Islamisierung kann keine Rede sein. Aber natürlich gibt es Entwicklungen, die uns auch Sorge machen. Stichworte: Salafismus und die Bedrohung durch den islamischen Terror. Aber Politik und Gesellschaft sind auch hier wachsam und setzen sich mit den Problemen auseinander."

Sie sehen, lieber Leser, dass Volker Kauder sich nicht nur in einigen Aussagen selbst widerspricht, sondern Beispiele an den Haaren herbeizieht und zwar polemisch und unwissend. Z. B. haben wir in Deutschland keine christlich-jüdische Tradition. Und seine Aussage, dass sich die Politik wachsam mit den aktuellen Problemen auseinandersetzt, reizt schon beinahe die Lachmuskeln, wenn man an die Hilflosigkeit der Politik bei der Flüchtlingsfrage denkt, eine Politik, die sich einzig auf unreflektierte Rundumschläge und blinden Aktionismus beschränkt.

Ab diesem Zeitpunkt begann ich mir Notizen zu machen über die Ängste und Bedenken gegenüber der jetzigen Bundesregierung. Dabei kamen natürlich auch noch andere politische Bereiche, die im Bürgerinteresse standen, zur Sprache. Und siehe da, es wurde bei den befragten Personen eine Unmenge von Bedenken an die Oberfläche gespült. Im Nachhinein könnte man mein Vorgehen als Aushorchen bezeichnen, ich mache mir aber kein schlechtes Gewissen, da alle Aussagen anonym benutzt werden.

Es war mir besonders wichtig, ein möglichst vielschichtiges Spektrum zu bekommen.
Zunächst befragte ich Nachbarn, Freunde und Verwandte. Anschließend kamen ehemalige Kollegen an die Reihe. Ich wechselte in den sozialen Schichten vom Akademiker bis zum Straßenarbeiter, vom Arzt bis zum Beamten. Mit der Zeit bekam ich so viel Übung, dass ich gezielt Themen ansprach, über die ich noch keine Aussagen hatte. So holte ich mir über dreihundert Meinungen ab, von denen 95% sorgenvoll und kritisch waren.
Nachdem ich alle Aussagen geordnet hatte, beschloss ich, diese Informationen in Artikeln zusammenzufassen

und niederzuschreiben. Dieses Buch schildert die bedrückende Stimmung, die im Augenblick eine breite Masse der Bürgerschaft erfasst hat. Deshalb habe ich bewusst auf höfliche Floskeln verzichtet. Meine Aussagen sind reißerisch frech, teilweise tendenziös und gar nicht darauf bedacht, ob die mir gegebenen Zahlen immer eindeutig stimmen. Was ich kontrollieren konnte, habe ich mit offiziellen Zahlen verglichen und eventuell richtig gestellt. Es war aber so, dass verschiedene Politiker auch verschiedene Zahlen nannten und zwar zur gleichen Problematik. Hier habe ich jeweils den mir vernünftig erscheinenden Wert verwendet.
Ich habe versucht, die Gefühle der Befragten einzubringen, die meist aufgeladen und wütend waren. Nur mit dem polemischen Stil eines Boulevardblattes können diese eindrücklich vermittelt werden.


Im Namen wütender Bürger

Urs Specht

# Wird Deutschland ein islamisch orientier-

ter Vielvölkerstaat?

Warum haben wir eine demographische Blase an überalterten Menschen? Eine Ehe wird bei einem Großteil der Menschen im heiratsfähigen Alter schon nicht mehr als wünschenswert angesehen, freies Zusammenleben für eine bestimmte Zeit und zwischendurch ein Quicky außerhalb der Beziehung scheint der Wunsch dieser Gruppe zu sein. Kinder schränken die persönliche Freiheit ein. Familien mit vielen Kindern werden als asozial belächelt. Großfamilien tun sich schwer, eine bezahlbare Wohnung zu finden. Doch die Lebensfähigkeit und der Erhalt eines Volkes wird durch diese Tendenz nicht gesichert. Selbst die Kirchen in Deutschland trauen sich nicht mehr gegen diese Entwicklung anzugehen. Linke und Grüne sind zu mächtig in der Presse und in allen anderen Medien vertreten. Publikationen sind längst nicht neutral und sehr tendenziös verfasst. Dadurch würden solche Bedenken sofort in die Ecke der Lächerlichkeit gestellt werden.
Merkel und Gabriel können von Glück reden, dass sie in ihrer Flüchtlingspolitik konform einen linken Weg eingeschlagen haben. Man weiß schon lange von der Überalterung der Bevölkerung, aber durch Zuwanderung oder durch Flüchtlinge ist in den Augen dieser Regierungsspitze dieses Problem leicht zu lösen.
Eine Politikerin der Linken verkündete kürzlich in einer Talkrunde, dass eine Zuwanderung von jährlich einer Million Menschen wünschenswert wäre. Solche Meinungen sind absurd, aber niemand wagt dagegenzuhal-

ten.

Noch schlimmer, Bundeskanzlerin Merkel und ihr roter Vizekanzler Gabriel teilten bislang eine ähnliche Meinung.

Erst allmählich scheint ein Umdenken in winzigen Schritten stattzufinden. Länder, Gemeinden und auch eigene Parteigenossen begehren auf.

Man merkt, dass in Deutschland ein Rechtsruck stattfindet und will die Mehrheiten nicht verlieren.

Die Linken und Grünen beharren jedoch auf einer weiteren unbegrenzten Aufnahme von Flüchtlingen und unterscheiden dabei nicht einmal zwischen Kriegs- und Wirtschaftsflüchtlingen. Millionen von Romas und Sintis, früher diskriminierend als Zigeuner bezeichnet, sind aus den sicheren Balkanländern in den Flüchtlingsströmen untergetaucht. Im Kosovo sprechen Roma- und Sintisippen lachend über Taschengeldreisen, wenn sich ihre Großfamilien unter die syrischen Kriegsflüchtlinge mischen, mit diesen nach Deutschland reisen, als Syrer ohne Papiere Asyl beantragen und ihr „Taschengeld" abholen. Während des Aufenthaltes noch ein paar Diebstähle, Betteln oder der Enkeltrick und schon sind die nächsten Monate oder Jahre finanziell gesichert. Jeder vernünftige Deutsche weiß darüber Bescheid und hat zumindest am Rande solche Erfahrungen gemacht, muss aber gute Miene zum bösen Spiel machen.

Merkel, Gabriel und Gesinnungsgenossen wollen nicht verstehen, dass sie einen Ausverkauf des Vaterlandes anzetteln. Man spricht zwar öffentlich darüber, dass die Flüchtlinge eine größere Herausforderung werden würden, wie die Wiedervereinigung. 50 Milliarden Mehrkosten stehen angeblich jährlich an und Frau Merkel will das ohne Kürzungen und Steuererhöhungen stemmen. Für mich bliebe als Finanzierungsalternative nur noch Stehlen.

Es ist der Kanzlerin und ihrem Vize dabei völlig gleichgültig, dass wir dabei unsere abendländische Kultur aufgeben, dass nach zwei Generationen die Mehrheit der Bevölkerung vermutlich islamisch sein wird und arabisch oder türkisch die Hauptsprache oder zumindest die Nebensprache sein wird. Alle Zeitungen, Wegweiser, Waren auch in Arabisch. Fernsehfilme oder Nachrichten mit Untertiteln oder im Zweikanalton, Moscheen und Minarette im kleinsten Dorf.

Von einer unleidigen und frechen Türkin an der Kasse eines Discounters wurde mir erst kürzlich angekündigt, dass Deutschland in 30 Jahren den Türken gehören werde.

Was hatte ich getan? Es war wohl falsch, dass ich diese vermummte Person höflich auf bestimmte Regeln beim Anstehen an einer Kasse aufmerksam gemacht hatte. Ihre Antwort war eine Unverschämtheit und Provokation für mich und die anderen Wartenden, aber leider muss ich zugestehen, dass diese Frau wohl einen politischen Weitblick besitzt, der vielen politischen Idealisten und sogenannten Gutmenschen in unserem Land völlig fehlt.

# Adieu, Abendland!

Debatte in Frankreich: Skandalautor
Michel Houellebecq sagt im
Roman „Unterwerfung" die totale
Islamisierung des Landes voraus

Focus 3/2015

# Flüchtlingspolitik

Das Flüchtlingsthema hält uns augenblicklich alle in Atem. Politiker sprechen von Willkommenskultur und meinen damit die unbegrenzte Aufnahme von Asylbewerbern. Das Recht auf Asyl kann man nicht beschneiden, es sei ein Recht, fest im Grundgesetz verankert. Andererseits haben die Politiker, allen voran Frau Merkel geschworen, zum Wohl des deutschen Volkes handeln zu wollen. Sowohl in der Geldpolitik gegenüber Griechenland und den Banken allgemein, besonders aber durch ihre Flüchtlingspolitik ist sie, meiner Meinung nach, meineidig geworden, denn der Großteil der Bevölkerung steht ihrer leichtfertigen Politik mit Sorgen und Ängsten gegenüber. Die Kanzlerin hat sich sogar den Skeptikern beleidigend entgegengestellt, indem sie meinte, wenn Menschen Unverständnis zeigten, wäre das nicht ihr Land.

Andere Politiker vergleichen diese Flüchtlingsströme mit dem Exodus der deutschen Bevölkerung von 1944 - 1946 aus den Ostgebieten. Diese Volksgruppe bestand aber aus Flüchtlingen und Vertriebenen, die allesamt die gleiche Sprache, die gleiche Geschichte und die gleiche Kultur besaßen. Diese Menschen hatten einfach nur das Pech in den falschen Gegenden Deutschlands gewohnt zu haben. Wie einfältig oder verlogen muss jemand sein, der diese Situation von damals mit der heutigen in einen Topf wirft?

Inzwischen bekennen sich 80 % der Deutschen zu den

Menschen, die sagen, das alles wäre Wahnsinn. Wen vertritt denn nun die Kanzlerin? Jene riesige Gruppe Besorgter oder die verbleibenden 20 %, die den Linken und Grünen nahestehen?

Seit den letzten Wochen werden täglich Vorfälle bekannt, die selbst eine Pro-Flüchtling-Presse nicht mehr verheimlichen kann. Schlägereien, man könnte schon fast von Massenkrawallen sprechen, unter den verschiedenen ethnischen Gruppen, wobei zwar auffälligerweise Kriegsflüchtlinge als Beteiligte genannt werden, aber nicht die Wirtschaftsflüchtlinge aus dem Balkan.

Ein einziges Mal wurden Albaner als Urheber genannt.

Die Bundesregierung hat die Balkanländer zwar als sichere Herkunftsländer eingestuft und will die entsprechenden Asylanträge ablehnen, doch zu einer Abschiebung dieser Volksgruppe wird es nicht kommen. Bei einem großen Teil von ihnen wurden Asylanträge bereits abgelehnt, aber wie viele wurden zurückgeführt?

Eine schwindend geringe Zahl. Wie dumm müssten sie denn sein, wenn sie freiwillig die reservierten Lufthansamaschinen besteigen würden? Und zwingen kann man sie nicht, weil man gar nicht weiß, wo sie sich versteckt halten.

Dieses Mal ging es vielen angeblichen Flüchtlingen zunächst um die gefahrlose Einreise. Etliche unter ihnen können sich nämlich zu Stammgästen in der BRD rechnen.

Der Registrierung und damit einem Auffliegen des Schwindels entging man, wenn man einfach spurlos verschwand. So kam mehr als die Hälfte von Fahrgästen aus verschiedenen Sonderzügen niemals am Bestimmungs-

bahnhof an. Ganze Lager waren morgens plötzlich leer und verlassen. In der Tagesschau wurde naiv verkündet, man könne sich nicht erklären, warum diese Menschen so gehandelt haben, wo doch die Antwort so nahe liegt. Sie sind irgendwo untergetaucht, suchen Sippen und Freunde auf und bereiten sich darauf vor, Polizei und Staatsanwaltschaft fleißig zu beschäftigen.
Doch vor diesen Gruppen ängstigen wir uns nicht. Schon längst haben wir uns an Bettler und Diebstähle gewöhnt. Massenschlägereien zwischen Roma- oder Sintisippen gehören zum Alltag in einem bunten Deutschland.

Ein ganz anderes Gefahrenpotential birgt die Masseneinwanderung von Flüchtlingen aus den Kriegsgebieten Afghanistan, Irak, Syrien, Jemen und Libyen.
Gegen den radikalen Islam dieser Menschen ist der türkische eine wahre Heilsbotschaft. Schon jetzt müssen christliche Syrer in den Lagern gegen Radikalislamisten geschützt werden. Kann ein fanatischer Glaubenshintergrund islamischer Zuwanderer in ein Land mit christlich abendländischer Kultur passen. Ich glaube, nein.

Genügt es nicht, dass in Kindergärten und Schulen christliche Kinder bereits als Ungläubige bezeichnet werden. Hassprediger finden in den Syrern, Irakern, Libyern, Afghanen dankbare Zuhörer, welche die mörderische Heilsbotschaft geradezu in sich aufsaugen werden. Die Islamkritikerin Sabatina James verkündete in einer kürzlich gesendeten Talkshow, dass in Deutschland inzwischen 40000 gewaltbereite Islamisten leben. Guido Steinberg widersprach zwar Frau James und nannte eine

Zahl zwischen 1000 und 2000. Wesentlich weniger zwar, aber auch nicht beruhigend, wenn man davon ausgeht, dass diese Dschihadisten zu Anschlägen und Selbstmordattentaten bereit sind. Außerdem wurde bei diesen Zahlen vom Ist-Zustand gesprochen. In wenigen Jahren könnte die von Frau James genannte Zahl weit übertroffen werden. Ein unglaubliches Gefahrenpotential, das von keinem Staatsschutz in den Griff zu bekommen ist. Charlie Hebdo meinte in einer Karikatur zu diesem Thema, dass es so viele Selbstmord bereite Muslime gebe, dass die Jungfrauen für die Märtyrer ausgehen könnten. Schon lange Zeit wird dieses Problem unterschätzt oder es wurde nicht erkannt. Trotz Warnungen durch türkische Geheimdienste sind inzwischen in allen größeren Städten Fetullah-Gülen-Schulen etabliert, die junge Menschen zum Radikalislamismus erziehen. In den Koranschulen bringen die meisten Imame den Kindern nicht den gewünschten moderaten Islam bei, sondern den archaischen, der bereits 1400 Jahre auf dem Buckel hat. Die Neuankömmlinge huldigen nahezu ausnahmslos der ursprünglichen Ausgabe, in der z. B. steht, dass Menschen, die sich vom Islam abwenden, getötet werden müssen.
Am 2. Oktober 2015 wurde eine junge Syrerin in Deutschland von Glaubensgenossen angeblich allein deswegen ermordet, weil sie zu moderne Ansichten hatte. Der Anfang ist gemacht!

Moslems aus den Flüchtlingsländern unterstanden bislang überregionalen Großmuftis, die sicher untergeordnete Muftis mit auf den Weg geschickt haben, um die

Gläubigen auch hier bei uns zu betreuen.

Die kluge und berechtigte Forderung, dass islamischer Religionsunterricht an deutschen Schulen in Deutsch abgehalten werden muss, wird nicht mehr durchführbar sein.

Ein angeblicher Nahostexperte und Gesprächsteilnehmer, äußerte bei der vorher genannten Gesprächsrunde sinngemäß, dass man die Flüchtlinge als Chance sehen muss, dass der Radikalislam insgesamt durch unsere Lebensart modernisiert werden könnte.

Wie naiv und weltfremd ist diese Meinung? Eher konvertiert Papst Franziskus zu den Protestanten.


Weitere Konfrontationspunkte dürften zwischen Schiiten und Sunniten entstehen, die wiederum allesamt Judenhasser sind. Es ist nun völlig unverständlich, dass die jüdischen Gemeinden um Verständnis für den Islam werben, kennen sie doch die täglichen Auseinandersetzungen aus Israel, dessen unversöhnliche Politik allerdings wesentlich mehr Anlass zu Anfeindungen geben dürfte als Deutschland.

Israel hat als Nachbarland keinen einzigen Syrer aufgenommen, die Grenze zu Jordanien wird neuerdings mit einem Zaun gesichert, und es ist ganz bestimmt noch kein einziger Schekel in die Flüchtlingshilfe geflossen.

Dieser religiöse Gegensatz und der gegenseitige Hass zwischen den islamischen Glaubensrichtungen wird zu ständigen Spannungen führen. Eskalationen, wie sie sich in den Flüchtlingslagern andeuten, werden zu massiven Ausschreitungen führen. Eines haben aber alle Flüchtlinge sicher gemeinsam, nämlich den Hass auf Israel. Deshalb werden auch jüdische Einrichtungen ähnlich wie in Frankreich wesentlich gefährdeter sein als bisher. Charlie Hebdo lässt grüßen.

Die Flüchtlinge bestehen, und das dürfte auch der Kanzlerin aufgefallen sein, hauptsächlich aus jungen Männern. Familien mit Kindern werden allerdings als Fotoobjekte ausgesucht und in Zeitungen und im TV gezeigt. Den aufmerksamen Betrachtern bleibt es dabei allerdings nicht verborgen, dass im Hintergrund Massen von kräftigen jungen Männern zu sehen sind. Leiden die bedauernswerten Länder an Frauenknappheit oder wo sind die gleichaltrigen Frauen geblieben? Werden sie vom Krieg verschont? Oder sind sie die hohen Kosten einer Flucht nicht wert?
Auf jeden Fall ergeben sich zwei Aspekte die zu bemerken sind. Die verheirateten unter diesen Männern werden sicher Frauen und Kinder nachkommen lassen. Wir kennen das bereits als Familienzusammenführung bei der türkischen Bevölkerung.
Beide Geschlechter werden es sehr schwer haben, sich einzugewöhnen. In all den Herkunftsländern herrscht strenges Patriarchat. Frauen haben genau die Wertigkeit, wie es der Koran bestimmt. Minderwertig. Frauen kommen deshalb angeblich nicht in den Himmel und in den Moscheen dürfen sie nur auf den billigen Plätzen weit im Hintergrund für ihre Herren beten.
Genauso ist es mit der Ehe, die nicht aus Liebe eingegangen wird. Kinder werden sich schon im frühen Alter versprochen, was die Familienoberhäupter übernehmen. Die meisten Männer treffen folglich ihre Frauen erst am

Hochzeitstag. Völlig verhüllt und jungfräulich muss die Auserwählte sein. Für beide Eheleute bedeuten solche Ehen oft die Hölle, aber vor allem für die Frauen. Manche werden täglich geschlagen. Während Männer berechtigt sind, Frauen zu verstoßen, hat die Frau keinerlei Rechte. Scheidung ist undenkbar.

Ein pakistanischer Vater, der mit seiner Familie schon lange in Deutschland lebt, hat kürzlich zusammen mit seiner Frau die gemeinsame Töchter erwürgt, weil sie die Zwangsehe mit einem in Pakistan lebenden Verwandten nicht eingehen wollte. Ein Vorfall, der in den betreffenden Herkunftsländern nahezu zur Normalität gehören würde.

Allgäuer Zeitung vom 6. Oktober 2015

In einem Bericht der Allgäuer Zeitung wird ein Pakistani beschuldigt, 29 Studentinnen über einen längeren Zeitraum sexuell belästigt zu haben. Der Mann ist verheiratet und hat Kinder.

Eine weitere Gefahr, bislang unterschätzte Gefahr, wird von jungen Flüchtlingsmännern ausgehen. Zwangsläufig wird eine hormonelle Überbeanspruchung, bedingt durch Frauenmangel, das Verhalten dieser Männer beeinflussen. Dazu kommt eine nie gekannte Reizüberflutung durch freizügig bekleidete Damen in unserer

Alltagswelt. Modische, aufreizend gekleidete Frauen zeigen selbstbewusst ihre gleichberechtigte Stellung bei den Geschlechtern, ein Erscheinungsbild, das für deutsche Männer in Beruf und Freizeit  längst zur Routine geworden ist, aber wie eine Einladung auf Männer aus dem islamischen Raum wirken muss. Diese Versuchung wird noch verstärkt durch die angebliche Minderwertigkeit der Frau, die dazu noch eine Ungläubige ist. Für einen Moslem eine Häufung von Gründen, solchen Frauen seine Verachtung zu zeigen,  indem er sie vielleicht missbraucht.

Die Schulleitung des Wilhelm-Diess-Gymnasiums in Pocking warnt in einem Elternbrief für die 5. -11. Jahrgangsstufen vor freizügiger Kleidung, um Übergriffe auf Mädchen zu vermeiden.

Das Westfalenblatt berichtet am 07.08.2015 darüber, dass die Polizei die Vergewaltigung einer 13jährigen Asylbewerberin durch einen Lagermitbewohner und viele andere Straftaten über Monate verschwiegen habe, um keine Antistimmung zu erzeugen.

Schon am Anfang der Flüchtlingswelle in Deutschland hat sich die Zahl der Vergewaltigungen erhöht. In einem Gießener Flüchtlingslager wagen sich  Frauen aus diesem Grund nachts nicht mehr auf die Toiletten. Auch in anderen Lagern kam es zu sexuellen Übergriffen, so dass zwischenzeitlich Sicherheitsdienste gefährdete Lokalitäten bewachen müssen.
Rainer Wendt, Chef der Polizeigewerkschaft in einem In-

terview mit dem Nachrichtensender N24 am 8.10.2015: „In unseren Flüchtlingslagern ist der Teufel los. Die Kollegen kommen nicht mehr aus den Stiefeln. Vergewaltigungen von Frauen und Kindern, Versklavungen, …, sind an der Tagesordnung. Die Auseinandersetzungen zwischen den Flüchtlingen sind nicht durch Stress ausgelöst, sondern es handelt sich um reine Verteilungskämpfe.“

Zwangsprostitution ist schon längst keine Seltenheit mehr. Innerhalb und außerhalb einiger Unterkünfte werden Frauen zu Liebesdiensten gezwungen, wie z. B. in der kleinen oberfränkischen Gemeinde Weißmain, wo nachts schwarze Frauen an den Straßenrändern Liebe gegen Bares bieten, um ihren Begleitern aus Nigeria oder anderen schwarzafrikanischen Ländern das Begrüßungsgeld aufzubessern.
Über Einzelfälle von Vergewaltigungen in Städten und Gemeinden wird zwar in der Presse berichtet, aber Angaben über die Täter werden bewusst zurückgehalten, um, wie schon berichtet, keine Antistimmung zu erzeugen. Fachleute und Psychologen sind sich einig, dass sich die Zahl an Übergriffen im sexuellen Bereich noch wesentlich erhöhen wird. Brauchen wir Massenvergewaltigung wie in Indien?

Das Problem einer angeblichen Minderwertigkeit von Frauen wird eine Integration weitgehend verhindern. Es wird einem irakischen Familienvater z. B. nicht annähernd einfallen, seine Frau gleichwertig zu behandeln. Ähnlich wie bei vielen türkischen Familien werden die

Frauen versteckt, werden daran gehindert die Sprache zu lernen und haben im öffentlichen Leben nichts verloren. Selbst bei Deutschtürken, die bereits in dritter Generation in Deutschland leben  ist es deshalb häufig noch Brauch sich ihre Frauen in Anatolien zu holen, die dann abgeschottet in Wohnungen gehalten werden. Die einzige Freiheit für diese Frauen wird das Einkaufen von Lebensmitteln sein, natürlich mit streng gebundenem Kopftuch, bodenlangen Kutten oder Hosen und in Begleitung ihrer Ehemänner. Bei Damenunterwäsche haben die Frauen kein Mitspracherecht, die wird von den Männern besorgt.

Die Frauen werden meistens wie in Gefängnissen gehalten. Sie beklagen sich auch nicht darüber, denn schon von frühesten Kindesbeinen an, werden die Töchter von der Mutter auf ihr Schicksal vorbereitet. Außerdem gibt der Koran zum Thema Ehe genaue Anweisungen.  Seit vielen Jahre greift hier unser Grundgesetz nicht, man will die Wahrheit einfach nicht sehen.

Es wird auch nicht gelingen, dass islamische Töchter mehr Freiheiten erlangen.

Noch lange Zeit werden Zwangsehen und Frühverheiratungen an der Tagesordnung bleiben. Türkische Mädchen haben zwar nach einem halben Jahrhundert soviel Freiheit erlangt, dass sie sich modern und schick kleiden dürfen und auch eine gewisse Mitsprache bei der Auswahl eines Ehemannes ist vorhanden. Allerdings bleibt voreheliche Jungfräulichkeit Voraussetzung für eine Eheschließung.

Deshalb gibt es bereits private Kliniken, die den Urzustand von türkische Hymen operativ reaktivieren.

Eine Ehefrau, die schon vor der Ehe defloriert wurde, bringt ungeheure Schande über ihre Familie. Selbst heute kommt es immer wieder vor, dass ein Bruder seine Schwester für solch eine erlittene Schmach ermordet.

Nur in seltensten Fällen werden Beziehungen zu deutschen Männern geduldet.

Als eine hübsche, ledige Türkin aus meinem Bekanntenkreis eine Freundschaft mit einem jungen Deutschen begann, wurde das Mädchen sofort nach Anatolien verbannt und dort verheiratet. Sie war von heute auf morgen spurlos verschwunden. Einige Zeit später erhielt ich in regelmäßigen Abständen Briefe von ihr, in denen sie mir ihre aussichtslose Lage beschrieb und mich um Hilfe bat. Diese Briefe gelangten übrigens nicht direkt an mich, sondern über eine Cousine des Mädchens. Sonst hätte ich die Botschaften nie erhalten. Das Mädchen tat mir leid, aber es gab laut Behörden keine Möglichkeit zu helfen.

Bei einer kurdischen Familie, die in Deutschland lebt und die ich kenne, dürfen sich die Mädchen nur setzen, wenn die Brüder nicht im Raum sind. Ähnlich wird eine Erziehung in den Flüchtlingsfamilien ablaufen. Die Buben werden hofiert und selbst die Mütter haben in den meisten Familien nicht das Recht auf die Prinzen erzieherisch zu wirken.

Wen wundern jetzt noch Entgleisungen islamischer Jungen und Jugendlicher gegenüber weiblichen Lehrkräften. Nur dies zum Thema Gleichberechtigung.

Die Ghettobildung wird aus diesem Grund überhaupt

nicht zu umgehen sein. Im beschränkten Rahmen ist den Frauen etwas Unterhaltung genehmigt. Sie treffen sich in irgendeiner Wohnung, angeliefert durch ihre Männer. Hier wird erzählt, man unterhält sich über Belanglosigkeiten, über den Haushalt oder über Kindererziehung. Nach eine paar Stunden werden die Frauen von den Männern wieder abgeholt und in das häusliche Versteck befördert.

Die Frauen lernen die Sprache ihres Gastlandes nur sehr selten. Oft beschränkt sich ihr Sprachschatz auch nach vielen Jahren nur auf einzelne Begriffe, die meist den Bereich Küche betreffen. Folglich wird in der Muttersprache gesprochen und die Kinder beginnen die Schule mit einem deutlichen Sprachdefizit im Vergleich zu deutschen Kindern.

An dieser Stelle möchte ich mich bei all den türkischen Familien, vorrangig bei den Müttern entschuldigen, die ich kennenlernen durfte und die unser modernes Denken und auch die sogenannten Tugenden übernommen hatten, ihre Kinder förderten und dabei keinen Unterschied machten zwischen Söhnen und Töchtern.

In diesen Familien wurde perfekt Deutsch gesprochen und auch der Kontakt und Freundschaften zu deutschen Familien gesucht. Sie verstanden die Notwendigkeit, die Sprache ihrer neuen Heimat zu beherrschen, um schulische und berufliche Qualifikationen zu erwerben.

All diesen Familien möchte ich meine Hochachtung und meine Anerkennung aussprechen. Es gibt also auch diese Beispiele, leider zu wenige.

Viele Politiker sprechen davon, dass eine Integrierung

der Flüchtlinge nur über das Erlernen der deutschen Sprache möglich ist. Grundsätzlich eine logische Folgerung, die aber nur die Männer und die Kinder betreffen wird.

Alte Gebräuche werden besonders in Familien aus Afghanistan, Pakistan, dem Irak aber auch aus Afrika weiter gepflegt werden, jene Traditionen, welche die Minderwertigkeit und die Unterwerfung der Frauen beinhalten. Auch die Tradition der Beschneidung und Genitalverstümmelung bei afrikanischen Mädchen wird in Deutschland zur Tagesordnung gehören. Es ist doch längst kein Geheimnis mehr, dass dieser schlimme Brauch in afrikanischen Familien, selbst wenn diese schon länger hier sind, trotz Verbotes durchgeführt wird.

Aus Erfahrung mit der türkischen Zuwanderung weiß man, dass die Familien ihre Wohnungen in unmittelbarer Nähe zueinander gesucht haben. Das ergab ein Gefühl der Sicherheit, man war nicht allein und man konnte sich helfen. Die Frauen hatten somit Anschluss, die Kinder mussten nicht mit ungläubigen Kindern spielen.

Außerdem war es für diese Familien sehr schwer Wohnraum zu bekommen, Großfamilien, die zudem wenig pfleglich mit ihrer Umgebung umgingen. Das konnte man diesen Familien auch nicht vorwerfen, da sie meist aus einfachsten Verhältnissen kamen und fließend warmes und kaltes Wasser in Wohnräumen überhaupt nicht kannten, geschweige denn Bäder, Spültoiletten oder Bidets. Aus meiner Studienzeit kann ich mich zum Beispiel erinnern, wie wir deutschen Bewohner eines Studentenheimes Schwarzafrikanern zwangsläufig im eigenen Interesse unsere gemeinsamen Spültoiletten erklären mussten. Die Kenntnisse der jetzigen Flüchtlinge über moderne Sanitäreinrichtungen dürften mit den damaligen vergleichbar sein. Der Wohnraum, der im freien Markt angeboten wird, wird deshalb im unteren Wohnniveau liegen. Marode Häuser in bestimmten Viertel werden einzig und allein als bezahlbarer Wohnraum zur Verfügung stehen.

Das bedeutet, es werden wieder Stadtteile entstehen, die hauptsächlich von anderen ethnischen Rassen bewohnt werden, soziale Brennpunkte. Warum wehren sich Frankreich und Großbritannien so vehement gegen Flüchtlinge? Stadtteile von Paris, von Lyon, von Marseille, von Bordeaux sind für den Normalfranzosen nicht mehr betretbar und selbst die französische Polizei wagt sich nur in größeren Kolonnen in diese Viertel. Präsident Hollande hat zwar auf dem letzten EU-Gipfel die Zusage gegeben, ein Kontingent von ca. 25000 Flüchtlingen von 120 000 aufzunehmen.

Diese winzige Zusage war vermutlich ein diplomatischer Winkelzug unserer Kanzlerin gegenüber.

Von den verbleibenden 95000 will die BRD einen Anteil von 31000 übernehmen. Wer kann dem deutschen Normalbürger einmal erklären, warum es nicht um die Verteilung von über einer Million an Flüchtlingen geht, die ihren Fuß in die deutsche Türe gesteckt haben?


Ähnlich wie Frankreich ergeht es Großbritannien. Teile von London, Liverpool und anderen Städten sind für weiße Besucher lebensgefährlich. Deshalb zeigt auch die Regierung Cameron keine Gnade bei den Schwarzafrikanern, die an Zäunen hängen und alles versuchen, um durch den Eurotunnel nach England zu kommen. Eine verschwindend kleine Zahl, wenn man sie mit den Flüchtlingsströmen in Deutschland vergleicht. England ist bunt, aber gefährlich. Geheimdienste und Scotland Yard haben alle Hände voll zu tun, um Anschläge zu verhindern, ausgebrütet von Radikalislamisten in den Ghettos der englischen Großstädte. Sollen wir uns wirklich auf ein buntes Deutschland freuen, wenn wir einmal die Probleme verschiedener Nachbarländer kritischer betrachten.

Was jenem Teil der deutschen Bevölkerung, der auf billigen Wohnraum angewiesen ist, überhaupt nicht gefallen kann, ist die Tatsache, dass erschwingliche Wohnungen an Flüchtlinge vergeben werden und sie selbst zukünftig einer Preiserhöhung nicht entkommen können.
Wenn einige Vermieter bessere Wohnungen zu weit überhöhten Preisen an Flüchtlinge abtreten, wird dies als Mietwucher bezeichnet. Kommen aber die Kritiker auch für eine Totalrenovierung auf, die schon in kurzer Zeit fällig sein wird?

Es gibt bereits Meldungen, dass den Mietern gemeindeeigener Wohnungen und des sozialen Wohnungsbaus gekündigt wurde, um diese für Flüchtlinge frei zu machen. Ist das mit der Fürsorgepflicht des Staates für seine Bürger vereinbar? Diese Bürger zahlen hier ihre Steuern und sind somit auch an der Flüchtlingskultur Deutschlands beteiligt.
Genauso fragwürdig ist eine Zwangsenteignung von

Unterkünften. Man kann doch nicht Flüchtlinge einladen, in unbegrenzter Zahl in ein Land einzufallen und als man erkennt, dass hier ein fundamentaler Fehler begangen wurde und das Problem nicht mehr zu bewältigen ist, auf Methoden zugreifen, die in den dunkelsten Zeiten Deutschlands oder zu Zeiten des kalten Krieges hinter dem eisernen Vorhang Brauch waren. Der bayrische Ministerpräsident hat völlig recht, wenn er sagt, Frau Merkel habe eine Flasche geöffnet, die nicht mehr geschlossen werden kann.

Schon bald werden wir alle die Auswirkungen dieser katastrophalen politischen Entscheidung und Einstellung zu spüren bekommen.

Die Wirtschaft hat nun endlich einen Grund die Mindestlöhne zu umgehen. Das Argument wird lauten, dass Flüchtlinge nicht die gleiche Arbeitsleistung erbringen können wie deutschsprachige Arbeiter und somit ist der Mindestlohn auch schon ausgehebelt. Einfache Arbeiten werden zu Spottlöhnen mit Zuwanderern besetzt werden, viele deutsche Arbeiter dafür Hartz IV-Anträge ausfüllen müssen.

Akademisch gebildete Flüchtlinge sind selten und werden keinen Konkurrenzdruck erzeugen. Die Meinung, es mit einer Menge gebildeter Menschen tun zu haben, ist völlig falsch. Journalisten aller medialen Einrichtungen haben sich unter der ungeheuren Schar von Flüchtlingen immer die wenigen für ihre Interviews ausgesucht, die entweder englisch oder deutsch, zumindest bruchstückhaft, sprachen. Der größte Teil der Flüchtlinge ist ungebildet und hat nur wenige Schuljahre, wenn überhaupt, hinter sich. Selbst Nachrichtensprecher Klaus Kleber hat auf diesen Umstand hingewiesen. Wir dürfen folglich auch nicht jene Fachkräfte erwarten, die angeblich unserer Industrie helfen können.

Schulen werden in nächster Zeit in ihrem Niveau schwer zurückstecken müssen. Selbst zusätzliche Helfer und neue Lehrer können keine Wunder bewirken, um die Sprachkenntnisse der vielen Flüchtlingskinder im Unterricht in Kürze zu verbessern. Es wird Jahre dauern bis diese Kinder dem Unterricht nur annähernd folgen können. Danach wird es zu spät für einen höheren Bildungsweg sein, werden die Berufswünsche, welche diese Kinder nennen und vor allem die Eltern für ihre Sprösslinge äußern, unerfüllt bleiben. Wenn ich mit dieser Vermutung unrecht hätte, würden wir es in 20 Jahren mit einer Menge an arbeitslosen Ärzte und Ingenieuren zu tun haben.

In einem Rundschreiben vom 5. Oktober 2015 stimmt BLLV-Präsidentin Simone Fleischmann die Lehrer darauf ein, dass riesige Herausforderungen auf die Schulen zukommen werden und dass diese nur mit großzügiger Unterstützung der bayrischen Staatsregierung geschultert werden können.
Obwohl sie es nicht ausspricht, kann man den Worten von Frau Fleischmann entnehmen, welche Sorgen und Zweifel sie plagen. Die BLLV-Präsidentin weiß nämlich ganz genau, dass diese Massen an benötigten Lehrern nicht von heute auf morgen aus dem Ärmel geschüttet

werden können und dass das Land Bayern auch gar nicht in der Lage wäre, solch gewaltige Summen für zusätzliche Lehrergehälter aufzubringen.
Man kann auch nicht einfach wegzaubern, dass viele negative Erfahrungen der letzten Flüchtlingskrise in den 90iger Jahren des letzten Jahrhunderts bei älteren Lehrern noch deutlich in den Köpfen vorhanden sind.
Und es ist wohl kein Geheimnis, dass ein Vergleich der damaligen Situation mit der jetzigen, sinnbildlich einem Vergleich von einer leichten Brise mit einem Tornado gleich käme.


Da es unmöglich ist, die Wünsche, Hoffnungen und Erwartungen der meisten Flüchtlinge zu erfüllen, wird sich bald Unzufriedenheit breit machen. Der Zustrom zu den Salafisten wird gewaltig ansteigen, die schon in fast allen Städten und Regionen feste Zusammenkünfte haben und straff organisiert sind. Flüchtlinge werden für diejenigen in den Krieg ziehen, vor denen sie einst geflohen sind. Eine Entwicklung wie sie nur in einem dekadenten Rechtsstaat möglich ist.


Innenminister Thomas de Maiziere (CDU) gab bereits im November 2010 eine Terrorwarnung heraus. Nach den Anschlägen von Paris trat er wieder mit diesem Thema vor die Presse. Er meinte, dass es im Augenblick keine konkreten Hinweise auf Anschläge gäbe.
Aus den Worten von Innenminister de Maizier muss man also folgern, dass es nicht um das Ob geht, sondern um das Wann, bis in Deutschland ein Anschlag pas-

siert. Genauso lauten die Analysen der Polizei und der Geheimdienste. Wo leben wir? Ist das noch unser Land, das Land der Deutschen? Wie kann eine Politik offenen Auges auf eine solche Katastrophe zugehen und setzt nicht alle Hebel in Bewegung, die äußeren Bedingungen für solche Vorfälle radikal zu verändern? Im Gegenteil, die Politik versucht in diesem Fall Feuer mit Benzin zu löschen. Haben wir uns schon längst dem Diktat fremder Menschen, fremder Interessen unterworfen? Anschläge, Unruhen, Kriminalität werden dramatisch ansteigen und das Leben wird gefährlich werden. Vielleicht werden bei uns bald ähnliche Zustände herrschen wie in Südafrika, wo ein sicheres Leben für die weiße Bevölkerung nur in festungsartig gesicherten Wohnparks möglich ist.

Ausschnitt aus dem Artikel „Angriff jederzeit möglich“, gefunden im Focus 3/2015

„Wenn der mörderische Anschlag auf die Redaktion der Satirezeitschrift „Charlie Hebdo“ eines deutlich gezeigt hat, dann das: Die Täter können jederzeit und überall zuschlagen. Auch in Deutschland.
Wie groß das Risiko hierzulande ist, verschweigen Politiker und Chefs von Sicherheitsdiensten gern. Seit Jahren sprechen sie von einer abstrakt hohen Terrorgefahr.“

Drogenkuriere haben augenblicklich Hochsaison. Da es unmöglich ist, in dem riesigen Flüchtlingsstrom den Einzelnen zu kontrollieren, werden in der Anonymität Unmengen von Drogen, vorrangig Opiate aus Afghanistan und Pakistan eingeführt. In der BRD werden schätzungsweise Vorräte für die nächsten zehn Jahre angelegt und das völlig gefahrlos.


„Flüchtlinge müssen sich an unsere Gesetz halten!", ruft Vizekanzler Gabriel und lässt das Grundgesetz in arabisch übersetzen.
Denkt Herr Gabriel auch an Bilderschrift, denn viele der Flüchtlinge sind Analphabeten oder haben eine Schule nur für sehr kurze Zeit gesehen?
Die meisten Flüchtlinge werden überhaupt nicht verstehen, was mit diesen Gesetzen gemeint ist.
Menschen, die aus Ländern kommen, in denen seit 1400 Jahren die Scharia praktiziert wird, werden weiterhin ihre archaischen Rechtspraktiken anwenden. Selbst in der verhältnismäßig modernen Türkei ist die Scharia in weiten Landesteilen noch in Gebrauch und auch in Deutschland gibt es die Scharia, was man weiß, aber offiziell nicht wissen will.
Was sich bei den Flüchtlingen schnell herumsprechen wird, ist die Tatsache, dass bei Diebstahl keinem die Hand abgehackt wird.
Nur so ist es auch zu erklären, dass sich bereits heute Diebe aus Rumänien, Albanien, Tunesien mit ihrer Beute im Facebook zeigen und sich damit rühmen, bereits 20 mal erwischt worden zu sein. Wie ist das möglich? Warum werden diese Dauerstraftäter nicht weggesperrt?
Blutrache, Sippenhaftung und weitere steinzeitliche Bestrafungen werden in den Hinterhöfen vollzogen werden.

Die Online-Shops klagen über eine enorme Zunahme

von Betrugsfällen. Flüchtlinge bestellen Waren im großen Stil und bezahlen diese nach Erhalt nicht.

So berichtet Bild in den Online-Nachrichten vom 16.10.2015, dass allein in einem Flüchtlingsheim in Lebach (Saarland) 627 Rechnungen mit einem Warenwert von 120000 € nicht bezahlt wurden.

Diese günstige Art einzukaufen, hat sich inzwischen herumgesprochen, besonders bei unseren südosteuropäischen Flüchtlingen. Woher sollen diese Menschen auch wissen, dass diese Art von Einkäufen nicht zu unserer Willkommenskultur gehört?


Wenn es sich der Laie nicht vorstellen kann, wie es in wenigen Jahren in Deutschland aussehen wird, braucht er nur einmal den aktuellen Ikea-Katalog aufmerksam zu betrachten.

Mehr als die Hälfte der abgebildeten Personen sind schwarz oder eindeutig fremdländisch. Die Werbespezialisten der großen Firmen haben längst erkannt, wer der zukünftige Kundenkreis sein wird.

Auch unsere Discounter, allen voran Lidl, fahren auf dieser Schiene. Sie haben sicherlich recht, denn bei meinen Besuchen in solchen Märkten höre ich schon seit vielen Jahren fast kein deutsches Wort mehr.

Vielleicht sollten Frau Merkel und Herr Gabriel gemeinsam eine Discounterfiliale, ganz gleich welchen Namens, besuchen. Vermutlich könnten sie anschließend jene Deutschen verstehen, die sich vor Überfremdung fürchten.

Kultur und Brauchtum werden verschwinden oder zumindest verfälscht werden. Warum sollen wir bunt werden und auf Heimatabenden Bauch- und Derwischtanz praktizieren?

Sicher haben Sie von Aids, Kinderlähmung, Ebola, TBC, Pest und anderen unsäglichen Seuchen gehört. Weit weg, nicht bei uns, werden Sie vielleicht denken. Doch die Infektionsraten all dieser Krankheiten werden deutlich ansteigen und zwar bei uns.
In Schwarzafrika ist Aids nahezu eine Volkskrankheit bei Männern und Frauen. Und genau aus jenen Ländern, in denen Aids am meisten verbreitet ist, kommen viele unserer Flüchtlinge. Glauben Sie etwa, dass Flüchtlinge dahingehend untersucht werden? Das wäre viel zu teuer, es genügen schon die Kosten für die ärztliche Behandlung alltäglicher Krankheiten oder die zahnärztliche Versorgung, um die Gesundheitssysteme ins Wanken zu bringen.
Genauso ist die Situation bei TBC und Kinderlähmung. Allerdings werden die meisten Flüchtlinge bei der Einreise abgehorcht. So kann aber eine TBC-Erkrankung nur im fortgeschrittenen Stadium erkannt werden. Was ist mit den Neuinfektionen? Der Nachweis von Aids ist diagnostisch noch wesentlich schwieriger und wird vermutlich erst dann stattfinden, wenn die Krankheit ausgebrochen ist und die Symptome eindeutig sind.
Das bedeutet im Klartext, wir werden es mit einer Menge von Krankheiten zu tun bekommen, die bei uns längst besiegt oder zumindest eingedämmt waren.
Die Frankfurter Rundschau berichtete in ihrer Ausgabe vom 02.10.2015, dass ein holländischer Tourist an der

Cholera gestorben sei. Als Ansteckungsquelle vermute
man einen irakischen Flüchtling, da in der Gegend, wo
die meisten irakischen Flüchtlinge herkommen, schon
längere Zeit die Cholera wüten würde.
Können Sie sich erinnern, liebe Leser, dass Sie darüber
vorher irgendetwas gehört oder gelesen haben?

Solange die Anträge auf Asyl nicht genehmigt sind, ist
nur ein begrenzter Arztbesuch möglich. Was aber wird
geschehen, wenn Hunderttausende eine positive Zusage
erhalten haben? Wird es passieren, wie bei der letzten
großen Flüchtlingswelle in den 90iger Jahren?

Von der Gebisssanierung bis zur Knieprothese werden
alle Wehwehchen, die in den heimischen Ländern aus
technischen oder finanziellen Gründen nicht behandel-
bar waren, auf Kosten der deutschen Krankenkassen
behoben werden. Da es unwahrscheinlich ist, dass der
Staat diese riesigen Summen übernimmt, werden die
Krankenkassen plötzlich hohe Defizite beklagen, die
dann durch die Erhöhung der Beiträge aufgefangen werden.

Selbst die Ärmsten der Armen sind bei uns zwischenzeitlich betroffen. An den Tafeln sind Streitigkeiten
zwischen Obdachlosen und den massiv auftretenden
Flüchtlingen an der Tagesordnung. Die Angebote werden knapp und man muss nehmen, was es noch gibt. Bei
der Flüchtlingskonkurrenz handelt es sich dabei  oft um
Personen, die eine reguläre Aufnahme und Registrierung
in den Lagern vermieden haben und untergetaucht sind,
aber natürlich Nahrung benötigen.

Die Stimmung in Deutschland sei am Kippen, sagen die Politiker und verschweigen dabei, dass diese bereits gekippt ist. Selbst ein Teil der freiwilligen Helfer hat sich zurückgenommen, weil diese zuhauf von Flüchtlingen beleidigt und brüskiert wurden. Warum gestehen die großen Hilfsorganisationen nicht, dass Austritte, selbst jahrelanger Mitglieder, stattfinden?

Wenn jemand aus einem Land kommt, aus dem diese Person angeblich unter Lebensgefahr geflohen ist, sollte der Flüchtling, der ihm entgegengebrachten Willkommenskultur, etwas mehr Dankbarkeit erweisen und nicht mit lautstarken Forderungen oder gar Prügeleien auf sich aufmerksam machen. Dankbarkeit gehört in Deutschland zu einem vorrangigen Erziehungsziel, was in den Asylunterkünften bald verstanden werden sollte. Gastfreundschaft wird missbraucht, aber eine Hand, die einen füttert, sollte man nicht abhacken.

# Bundeswehrreform

Unsere Bundeswehr war bis zur Regierungszeit Merkels eine schlagkräftige und stets einsatzbereite Armee, die durchaus eine abschreckende Wirkung hatte.
Selbst unter der Schröderregierung blieb die Bundeswehr eine militärische Macht und verdiente bis zuletzt den Namen Armee. Allerdings waren auch hier schon grenzwertige Sparmaßnahmen und Umstrukturierungen bemerkbar. Die Fahrzeuge blieben länger in Gebrauch, mögliche Modernisierungen wurden verschoben, der Wehrdienst wurde immer kürzer.
Die Schuldenlast der BRD war so erdrückend, dass an allen Ecken und Enden gespart werden musste. Alle Bereiche des öffentlichen Lebens waren davon betroffen und zwangsläufig wurde auch der Wehretat gekürzt.
Mit Frau Merkel und ihrem Verteidigungsminister, dem Freiherrn von und zu Guttenberg, bekam die Bundeswehr einen Stich in den Rücken. Die BRD besaß nun eine Kanzlerin, die von Militär und taktischen Notwendigkeiten keine Ahnung hatte. Dazu stellte die CSU der Kanzlerin einen Verteidigungsminister an die Seite, der eher zum Schaulaufen geeignet war. Jung, gutaussehend und zu einer maßlosen Selbstüberschätzung neigend. Er genoss öffentliche Auftritte, bewegte sich wie ein Star in der Manege. Wortgewandt vertrat er seine Meinung und gab seine politischen Gegner meist der Lächerlichkeit preis. Er war ein Schauspieler durch und durch, der seine Ahnungslosigkeit hinter markigen Auftritten versteckte. Dieses übertriebene Bedürfnis nach Geltung und

Ansehen wird auch durch seinen getürkten Doktortitel bestätigt.

Von und zu Guttenberg fing nun an, selbstherrlich politische Rundumschläge auf den Weg zu bringen. Die Bundeskanzlerin erging sich in Bewunderung zu dem Newcomer, der ihre politischen Fähigkeiten noch mit Schönheit ergänzen sollte.

Wer kann sich nicht an die gemeinsamen Fernsehauftritte unseres Traumpaares erinnern. Wenn die Kanzlerin von unten ihrem Vertrauten Karl Theodor von und zu Guttenberg verschämt bewundernde Blicke zuwarf, der sich mit stolzer Brust, gleich einem Pfau mit glänzend schwarz lackiertem Haar neben ihr präsentierte.

Ein Mann des Fortschritts, so glaubte man in der damaligen Regierung, zumindest anfänglich. Dass die zugesprochene Kreativität eher geistigen Windeiern glich, erkannte damals kein höherer Politiker aus der Regierungskoalition. Und wenn es Ausnahmen gab, wurden diese mundtot gemacht.

Der schlimmste Vorschlag, der von einem Verteidigungsminister kommen konnte, war die Abschaffung der allgemeinen Wehrpflicht. Fachleute aus der Generalität ließ man bei dieser Entscheidung weitgehend außen vor. Allerdings bestimmte Guttenberg den Alleskönner Frank-Jürgen Weise, den Chef der Bundesagentur für Arbeit als Leiter einer Bundeswehrstrukturkommission, die eine Machbarkeitsstudie erstellen sollte.

Erst kürzlich wurde dieser Weise neben seiner eigentlichen Arbeit zusätzlich für die Koordination der Flüchtlingsströme eingesetzt. Weise scheint also auch heute noch für die deutsche Politik der Mann für alle Probleme. Wenn Chaos herrscht und niemand weiter weiß, kommt Weise.

Es ist schon erstaunlich, wie ein Einzelner Experte auf so vielen Gebieten sein kann.

Ob die Ratschläge des Herrn Weise und seiner Kommission tatsächlich so weise waren, steht auf einem anderen Blatt. Jedenfalls legte der Verteidigungsminister den Bericht der Kanzlerin und dem Bundestag vor und man glaubte Guttenberg, als er behauptete, dass eine reine Berufsarmee genauso schlagkräftig sei und dazu noch viel billiger wäre, was wiederum den Finanzminister an die Seite des Strategen brachte.

Ohne großes Debattieren wurde dieser Entschluss 2010 im Bundestag durchgesetzt. Selbst den Militaristen unter den Parlamentariern gefiel diese ungeahnte Wende in der deutschen Militärpolitik. War es doch bislang immer etwas schwierig, genügend Freiwillige für Auslandseinsätze zu finden, mit einer Berufsarmee stand einer Versendung deutscher Truppen in Krisengebiete nichts mehr im Weg.

Amerika drängte und erwartete von den Deutschen Militärpräsenz in Afghanistan. So konnte man endlich aufhören, der naiven Bevölkerung gefährliche Kriegseinsätze als Friedensmissionen zu verkaufen. Somit ergab sich jetzt auch für Freiherrn von und zu Guttenberg die Gelegenheit, mit der Wahrheit an die Öffentlichkeit zu treten. Mit den ersten toten Heimkehrern aus Afghanistan stand er mit überzeugender Stimme vor den Kameras der versammelten Fernsehanstalten und verkündete, dass sich die Bundeswehr auch mit kriegerischen Handlungen befasste. Dass die Friedenstauben von Anfang an den Heimflug nach Deutschland angetreten hatten, wurde nicht erwähnt.

Auch Meldungen über Spezialeinsätze, wie z. B. über die Piratenjagd vor Somalia, bei der selbst das Benutzen einer Steinschleuder verboten gewesen wäre, wurden zur Lachnummer. Die Fregatten galten in Piratenkreisen längst nicht mehr als Bedrohung.

Erst private Schutzdienste auf den zivilen Handelsschiffen brachten mehr Sicherheit, denn diesen Spezialisten war bekannt, dass man mit Gewehren schießen konnte, was sich auch in Piratenkreisen schnell herumsprach.

Ein weiteres Beispiel ist der Einsatz der Marine vor dem Libanon, um angebliche Waffenschmuggler abzufangen. Bei diesem Unternehmen wurden die deutschen Schiffe nahezu täglich angegriffen, allerdings aus Übungszwecken von der israelischen Luftwaffe, die bei den stolzen Kriegern zur See mächtig Eindruck hinterließen. Alle diplomatischen Bemühungen und Proteste halfen nichts. Die Köpfe mussten weiter eingezogen werden. Schon irgendwie komisch, könnte man denken. Man kommt, um jemand zu unterstützen und wird dafür vom Schützling offensichtlich verarscht.

Trotz Gefahrenzuschlägen waren die Auserwählten der Bundeswehr nicht mehr gerne bereit für Deutschland, besser gesagt für amerikanische Interessen den Kopf hinzuhalten. Den Slogan der Bundesregierung, die Republik müsse am Hindukusch verteidigt werden, hatte sowieso noch nie jemand ernst genommen. Der Zustrom an Interessenten für das Soldatenhandwerk ebbte deutlich ab.

Neben der knappen Bestückung der Bundeswehr an Mannschaften schrecken auch immer wieder Berichte über desolate Waffensysteme auf.
Unter Verteidigungsministerin Ursula von der Leyen und ihren letzten beiden Vorgängern taten sich folgende Mängel auf. Das G36 Schnellfeuergewehr soll nur bedingt einsatzfähig sein, ein neu entwickeltes leichtes Maschinengewehr muss nachgebessert werden, geplante Drohnen wurden sehr verlustreich, in Hinsicht auf bisherige Entwicklungskosten, aus dem Programm gestrichen. Allerdings ist diese Verschwendung von Geldern vermutlich nicht mehr Guttenberg zuzuschreiben, sondern seinem Amtsnachfolger de Maizier.
Wieder der Verantwortung einer Verteidigungsministerin von der Leyen zuzuschreiben, ist eine Panzertruppe, die technisch und mengenmäßig in einem jämmerlichen Zustand sein soll. Angeblich gibt es nur noch so wenige verwendbare Exemplare, dass diese immer von zwei Einheiten im Wechsel verwendet werden müssen, was die Übungsmöglichkeiten und auch die Schlagkraft der Panzertruppe mächtig verringert. Vielleicht werden die Soldaten während solch eingeschränkter Möglichkeiten als Panzergrenadiere ausgebildet, vielleicht fahren sie ihre Angriffe auch mit Privat-PKWs?
Die Traditionstruppe „Gebirgsjäger" entging mit knapper Not ihrem endgültigen Aus. Die Strategen waren sich einig, dass zukünftige Kämpfe im Gebirge keiner besonderen Ausbildung mehr bedürften und die „Mulitreiber" als unnötiger militärischer Ballast abgeschafft werden müssten. Die ersten Pläne zur Auflösung der Edelweißtruppe wurden bereits verwirklicht, als die

Amerikaner bei ihren Verbündeten um Hilfe anfragten. Die Kämpfe mit den Taliban fanden meist in großer Höhe, oft zwischen 4000 und 5000 Höhenmetern statt. Was sich bei den Taliban als problemlos zeigte, war der Nachschub. Die Situation bei den hochgerüsteten US-Boys war jedoch unerfreulich. In den engen Schluchten, steilen Hängen und vor allem in den großen Höhen war die Technik am Ende. Die Logistik des Nachschubs versagte. Hubschrauber waren nicht mehr in der Lage in dieser Höhe zu fliegen, zumindest nicht beladen. In großer Not fiel irgendeinem amerikanischen Strategen ein, dass die Deutschen noch eine Geheimwaffe in der Hinterhand hätten. So blieb die Existenzberechtigung der Gebirgstruppe und ihrer Tiere erhalten.

Auch bei Luftwaffe und Marine sieht es nicht viel besser aus. Transallmaschinen verweigern anscheinend aus Altersgründen immer mehr den Befehl, außerdem sind die noch rüstigen Flugzeuge in Reichweite und Geschwindigkeit Dinosaurier der Flugtechnik. Bereits unter Franz Josef Strauß galten sie als Auslaufmodelle.

Der Eurofighter ist zwar ein modernes Flugzeug, das aber von seinen Piloten viel abverlangt und ständiges Training erforderlich macht. Erstaunlicherweise wurde auch im Bereich dieser Kampfflugzeuge eine Reduzierung der Übungseinheiten für Luftkämpfe vorgenommen. Vielleicht liegt es auch daran, dass die Abnahme von Eurofightern wegen angeblicher Schäden von der Regierung gestoppt wurde. So berichtet im Bild NEWSTICKER vom 13.10.2015. Wie gut, dass es zumindest hochmoderne Flugsimulatoren gibt.

Bei den bewährten Phantommaschinen gilt das Prinzip:

Aus Alt mach Neu! Die Ersatzteilfrage wird mit Hilfe ausgesonderter Maschinen gelöst.

Haben Sie schon einmal etwas vom Heli 90 gehört? Sie brauchen sich nicht zu schämen, wenn nicht. Er hat nämlich seinen Namen daher bekommen, weil er ab 1990 als Hubschrauber in Dienst gehen sollte. In den letzten Wochen konnte man von der ersten Auslieferung des Heli 90 hören, also 25 Jahre später als geplant. Dieses Ereignis wurde in den Medien jedoch sehr leise angekündigt. Man spricht von Kinderkrankheiten, die der Helikopter noch hätte und deshalb nicht über Wasser fliegen könne. Selbst die stolze Marine macht Negativschlagzeilen. Angeblich strömen die Dieselaggregate der Fregatten giftige Dämpfe aus, dass es für die Maschinisten gefährlich ist, diese zu bedienen. In  Marinekreisen spottet man, dass Admiral Nelson mit seiner Victory in einem Seekrieg unseren Fregatten große Probleme bereitet hätte. Nur im Bereich der U-Boote soll die Bundeswehr ihre technische Führungsrolle behalten haben. Das könnte allerdings stimmen, sonst hätte Israel die drei erst kürzlich von der Bundesregierung geschenkten Boote nicht in Dienst gestellt, trotz der atomaren Abschussrampen, die man extra als Friedensbotschaft auf Wunsch der Israelis mitlieferte. Wohl dem, der glaubt, dass Deutschland sich für eine friedliche und vor allem gerechte Lösung im Palästinakonflikt einsetzt.

Obwohl die allgemeine Wehrpflicht eigentlich nur ausgesetzt wurde, geht der Ausverkauf von Bundeswehrimmobilien, sprich Kasernen und Lagerstätten, weiter. Die Farce dabei ist, dass in einigen Unterkünften noch immer mit riesigen Beträgen renoviert und modernisiert wird. Altverträge mit Firmen müssen eingehalten werden und die Verwirklichung der Aufträge verschlingen immer noch Milliarden, obwohl die Zweckentfremdung oder der Abriss der Gebäude bereits festgelegt ist. Würde man einem Toten einen Herzschrittmacher einpflanzen? Viele leer stehende Kasernen, die nicht unter solchen Umbauzwängen standen, wurden an private Investoren verkauft, wenn Vorkaufsrechte von Ländern und Gemeinden nicht wahrgenommen wurden. So taucht unter den Käufern auch der Unternehmername Struck auf. Man sollte aber nicht sofort Hintergedanken haben. In einer Zeit, in der Immobilien soeben einen Goldrausch erleben, ist aber ein Nachdenken erlaubt.

Ein gewisses Einsehen hat allerdings in letzter Zeit stattgefunden. Zum Einen konnte festgestellt werden, dass Käufer die Kasernen zu Flüchtlingsunterkünften umwandelten, um sich damit eine goldene Nase zu verdienen. Diese hohen Anmietkosten würde man sich sparen können, wenn eigene, leer stehende Kasernen in Flüchtlingsquartiere verwandelt würden. Zum Anderen könnte die deutsche Außenpolitik zumindest eine begrenzte Rückkehr zur Wehrpflicht notwendig machen. Man droht Putin, schwingt Reden, die allesamt Sanktionen gegen Russland beinhalten. Außenminister Frank-Walter Steinmeier schlendert mit Vitali Klitschko über den Majdan-Platz in Kiew und gibt unüberlegte verhängnisvolle Statements, ähnlich wie sie einst Hans-Dietrich Genscher in Kroatien machte. An den Folgen leiden die Balkanländer noch heute. Lieber brüskiert man den russischen Präsidenten, Russland selbst und alle Sportler durch ein Fernbleiben bei der Eröffnungsfeier anlässlich der Winterolympiade 2014 in Sotschi.

Statt die Gelegenheit zu einem Gespräch am Rande zu nutzen, werden lieber schnelle Sanktionen beschlossen und Drohgebärden gezeigt. Putin wird nicht mehr zu den Runden der Großen geladen und degradiert. Der Weg für Gespräche wird unterbrochen. Warum suchte man nicht einen vernünftigen diplomatischen Weg, der sicher zu Beginn der Krise gut möglich gewesen wäre.

Dass die Kanzlerin mit der Aktion Steinmeiers einverstanden war und ins gleiche Horn blies, zeigt sich in der völlig unverständlichen Einladung Vitali Klitschkos zum CDU-Parteitag 2015, der darin gipfelte, dass Angela Merkel dem Boxer von der Rednertribüne herab vor versammeltem Auditorium jede mögliche Hilfe versprach.

Erst als Putin der Vollstreckerin US-amerikanischer Interessen, Frau Merkel, klar machte, dass es ein bis Hierher und nicht weiter gebe, hat Frau Merkel ihre Krallen etwas eingezogen. Dazu kam, dass sie sicher von ihren Beratern daraufhin hingewiesen worden war, dass der amerikanischen Regierung ein begrenzter militärischer Waffengang in Europa nicht ungelegen wäre. So blieb es Gott sei Dank nur bei wirtschaftlichen Sanktionen gegenüber Russland und auch die dürften alsbald verschwinden, denn Putins Unterstützung wird an mehreren politischen Brennpunkten benötigt, um Merkel und Obama bei ihren verhängnisvollen und fehlerhaften politischen Entscheidungen aus der Patsche zu helfen.

Natürlich wurde in diesen unruhigen Zeiten auch die Einsatzfähigkeit der Bundeswehr diskutiert und es ist selbst einem völligen Laien klar, was das Ergebnis war. Aufträge für die Rüstungsindustrie im Bereich gepanzerter Fahrzeuge sind eindeutige Zeichen. Doch damit war das Sicherheitsbedürfnis der Kanzlerin noch nicht befriedigt. Die neuesten gelenkten Atombomben mussten zur Abschreckung nach Deutschland und werden seit wenigen Wochen bei den Phantomgeschwadern in Büchel in sicheren Bunkern gelagert. Hier warten sie nun auf ihre Bestimmung, auf den Befehl des amerikanischen Präsidenten an Bord deutscher Flugzeuge die Apokalypse einzuläuten.

Vielleicht sollte man nach drei Verteidigungsministern, die mit ihren Fähigkeiten oft in der Kritik standen, wieder einen aus der Bürgerschicht ernennen. Die Erkenntnis, dass militärische Führung dem Adel besser zu Gesicht steht, kann richtig sein, allerdings hat diese Aussage mit den Fähigkeiten nichts gemeinsam.

# Die Außenpolitik

Nach einem eher reservierten und kritischen Verhältnis zur USA durch Bundeskanzler Schröder, schwenkte Merkel wieder auf die ehemalige Politik Helmut Kohls ein und somit ist die deutsche Außenpolitik augenblicklich eindeutig nach den Interessen der USA ausgerichtet, was aber bedeutet, dass sie eigentlich die Interessen Israels vertritt.

Die politischen Maxime der USA werden von jüdischen Bürgern bestimmt. So leben allein in New York mehr Juden als im gesamten Staat Israel. Das wäre aber noch nicht der entscheidende Punkt. Das amerikanische Großkapital ist weitgehend in jüdischer Hand, besonders aber meinungsbildende Medien. Jüdisch amerikanisches Geld bestimmt den Präsidenten. Schlüsselstellungen in der Regierung werden als Gegenleistung für Wahlgeschenke immer mit jüdischen Politikern besetzt, die natürlich Interessen verfolgen, die nicht unbedingt mit denen der breiten amerikanischen Bevölkerung konform gehen.

Es stimmt natürlich, dass Deutschland gegenüber Israel besondere Verpflichtungen hat. Wenn jedoch das einstige Opfer nach vielen Jahren zum Dauertäter wird, besteht auch für die BRD die Verpflichtung nicht wegzuschauen. Das Volk der Palästinenser wird konsequent gepeinigt, gedemütigt, vertrieben und mit bewusster Grausamkeit behandelt.

Die expansive Siedlungspolitik Israels wird schon seit

Jahren hingenommen. Netanjahu und Vorgänger haben zwar immer wieder Verträge unterzeichnet, den Siedlungsbau auf Palästinensergebieten einzustellen.

In Wirklichkeit waren diese Papiere die Tinte nicht wert. Netanjahu hat dieses Spiel sogar soweit getrieben, dass er wenige Tage nach der Unterzeichnung eines solchen Vertrages den Bau einer weiteren Großsiedlung verkündete.

Gegenseitige Ausschreitungen sind zwischen Palästinensern und Israelis an der Tagesordnung.

Warum werden aber einzelne Angriffe der Palästinenser mit irgendwelchen maroden Raketen auf Israel, die, Gott sei gedankt, kaum Schaden anrichten, in der Zeitung als kriegerische Aggression bezeichnet. Bei fast allen diesen Angriffen entstand relativ geringer Sachschaden, Verletzte gab es kaum. Israelische Vergeltungsschläge mit einer überlegenen Luftwaffe brachten für die Palästinenser Unmengen an Toten, meist Frauen und Kinder. Diese Luftschläge wurden bewusst auf Wohngebiete durchgeführt, mit der fadenscheinigen Erklärung, man hätte dort die Rädelsführer der Gegenseite vermutet.

Niemals wurde der brutale und Menschen verachtende Angriff auf den Gazastreifen offen kritisiert. Diese einseitige Unverhältnismäßigkeit der Mittel wurde nie angesprochen, sondern stets so verdreht, dass die Israelis als gepeinigtes Volk geschildert wurden.

Niemand spricht von dem Aggressor, der zusammen mit seinem Täterfreund USA alle Länder, die Israel wenig freundschaftlich gegenüberstanden, als Staatsgebilde vernichtet oder zumindest destabilisiert haben.

Die amerikanische Bevölkerung, aber auch die Europäer wurden bewusst belogen durch Cheney, der Rüstungs- und Ölinteressen im Sinn hatte und durch seinen jüdischen Mitarbeiter Horrowitz, der massenweise fingierte Beweise lieferte, dass Sadam Hussein biologische und Giftgaswaffen herstellen würde. Mittäter, Präsident Bush benötigte seiner gutgläubigen amerikanischen Öffentlichkeit gegenüber einen Vorwand, der ihn berechtigte den Irak im Zusammenhang mit dem 11. September als Täter anzugreifen, wohl wissend, dass der Irak unbeteiligt war.
Selbst ein atomarer Schlag war bereits genehmigt und unterzeichnet. Gottlob blieb es bei der Planung.
Durch diesen Krieg hatten alle ihren Vorteil. George W. Bush stand danach als kühner Rächer hoch in der amerikanischen Wählergunst, Cheney machte seinen Konzern noch reicher und die Juden hatten einen Feind weniger.
So oder auf ähnliche Weise wurde ein Land nach dem anderen bewusst entmachtet. Hier einige Beispiele wie Israel und dessen verlängerter politischer und militärischer Arm, USA bewusst chaotische Zustände im nahen Osten und Nordafrika herbeiführte. Ägypten z. B. wurde zwar öffentlich als friedlicher Nachbar Israels dargestellt, was aber bis heute nicht stimmt. Im Unterbewusstsein der Ägypter ist die Schmach der letzten kriegerischen Niederlagen gegen Israel noch lange nicht vergessen. Was uns bis heute in Europa, aber vorrangig in Deutschland als heldenhafte und geniale militärische Siege Israels verkauft wird, wäre ohne den großen Freund und Unterstützer jenseits des Atlantiks niemals möglich gewesen, wenn auch die strategische Unterstüt-

zung im Hintergrund bleiben musste. In Ägypten weiß jedes Kind, wie diese Niederlagen des eigenen Landes in Wirklichkeit zustande kamen.

Libyen unter Diktator Muammar Gaddafi wurde vernichtet. Niemand berichtete, dass Gaddafi von der breiten Masse seines Volkes geliebt wurde, trotz seiner grausamen Exzesse. Heute ist Libyen völlig am Boden. Warum wurde nicht hinterfragt, wer davon profitieren könnte. Warum wurden die amerikanischen Ölkonzerne nicht genannt? Warum wurden die Interessen Israels nie erwähnt?

Der letzte taktische Schlag galt dem Bündnis Iran-Syrien. Beide Länder stellten mit ihrer geballten Militärkraft die letzte große Gefahr für Israel dar. Syrien, bislang ein, im orientalischen Vergleich, blühendes Land, in dem die Bevölkerung friedlich leben konnte, wurde vielleicht sogar Ziel israelischer Interessen. Eine kleine Protestaktion gegen die Regierungsarbeit durch unzufriedene Syrer, wurde durch die Schergen Assads brutal beendet. Der Bürgerkrieg war eröffnet. Bleibt nur die Frage, woher die Revolutionsarmee sofort die ganzen Waffen bekam. Assad wurde zum Übeltäter gestempelt, was in manchen Bereichen auch stimmte.

Israel konnte natürlich in diesem Konflikt keine Flagge zeigen.

Aber wie konnte man sonst dem starken militärischen Bündnis zwischen Syrien und dem Iran ohne eigene Militärschläge beikommen?

Wie konnte die atomare Aufrüstung des Iran verhindert werden?

Diese Hypothesen, die ich nun ausspreche, sind nur meine persönlichen Vermutungen und durch keine Beweise gesichert.


„Bei einem Angriff Israels auf eines der beiden Länder hätte unweigerlich der benachbarte Freund zu den Waffen gerufen. Der Judenstaat wäre somit ein äußerst gefährliches Risiko eingegangen und hätte sich außerdem noch die letzten  Sympathien verscherzt.
Selbst in den USA wäre für Obama eine militärische Unterstützung kaum durchsetzbar gewesen. Auch die deutsche Regierung wäre vermutlich in einen Erklärungsnotstand geraten. Trotz Erbschuld hätte in dieser Situation die deutsche Bevölkerung keinen Grund für eine Unterstützung der israelischen Aggressionen gesehen.
Innere Unruhen mussten her und nachdem diese im Iran kaum zu schaffen waren, blieb nur Syrien übrig. So wird den Truppen Assads zum Beispiel vorgeworfen, dass sie Giftgas gegen die Zivilbevölkerung eingesetzt hat, ohne dass Kampfhandlungen vorhanden waren. Beweise konnten zwar für diese Untat nie gefunden werden, doch Assad war international zum bösen Buben abgestempelt.
Warum hat niemand gefragt, warum kann ein Staatschef und sei es auch ein Diktator solch eine politische Dummheit begehen?
Warum sollte er durch solch einen Angriff die letzten Sympathien seiner Bevölkerung riskieren ohne einen militärischen Nutzen zu haben?
Die Assadfamilie und die herrschenden Sippen gehören den Schiiten an, ganz im Gegensatz zur übrigen syrischen Bevölkerung, die bis auf wenige Christen sunni-

tisch ist. Den Spannungen zwischen diesen islamischen Glaubensrichtungen werden nun die erbarmungslosen Gasangriffe zugeschrieben. Assad soll angeblich als gläubiger Schiit, was übrigens noch zu beweisen wäre, aus Hass diese unmenschlichen Angriffe auf sein eigenes Volk befohlen haben.

Wen will der Diktator nach einer erfolgreichen, siegreichen Beendigung des Krieges regieren?

Die letzten Überlebenden vor Ort?

Viele dürften es nicht mehr sein nach dem augenblicklichen Massenexodus. Mit den wenigen eigenen Gefolgsleuten kann er Syrien sicher nicht zur Normalität führen. Warum wurde nie darüber nachgedacht, dass vielleicht einer der israelischen Geheimdienste seine Hände im Spiel gehabt hatte? Es wäre ein Leichtes gewesen, diese Raketen von der Nordgrenze Israels aus unbemerkt abzufeuern.

Auch dem Iran wurden durch die Schwächung Syriens deutlich einige Zähne gezogen. Nach langen Verhandlungen war der Iran bereit, Auflagen für eine friedliche Nutzung der Atomenergie einzugehen. Das Land ist dadurch in seiner Außenpolitik deutlich eingeknickt, war es nun plötzlich in einer isolierten Position ohne Freunde."


Im Grunde ist es eine völlige Augenwischerei, wenn deutsche Politiker, allen voran Merkel, die Siedlungspolitik Israels anprangern, aber gleichzeitig U-Boote mit Abschussrampen für atomare Raketen an Israel verschenken. Warum hat der deutsche Bürger nicht das Recht zu erfahren, welche Politiker hinter solch mörderischen Geschenken stehen, in welchen Gremien solche Entschlüsse gefasst werden. Zumindest Merkel und der Kreis ihrer Vertrauten, Gabriel, Steinmeier nicht ausgeschlossen, wissen davon.

Aber auch die Politik an den osteuropäischen EU-Grenzen ist unverständlich. Wie bereits erwähnt, Frank-Walter Steinmeier läuft in herzlicher Einigkeit mit Vitali Klitschko über den Majdan-Platz in Kiew und verkündet, sich für die Freiheit der Ukraine einzusetzen. Welche Freiheit meint Steinmeier? Die Infrastruktur dieses abgrundtief korrupten Landes, in dem vom kleinsten Beamten bis zum Regierungsbeamten jeder Schmiergelder empfängt, dessen Firmen nur unter mafiösen Zuständen funktionieren?

Frau Merkel und ihr Regierungsteam wissen das natürlich, fordern aber dennoch den Zorn Putins heraus. Was wollen Merkel und die Unterstützer ihrer Politik erreichen? Eine Erweiterung der Nato wider aller Versprechen bis an die Grenze Russlands, 300 km von Stalingrad entfernt?

Die Reaktion Putins, nämlich die Annexion der Krim wird als Unrecht im Sinne des Völkerrechts dargestellt. Wo war die Stimme der deutschen Regierung als die Amerikaner in Somalia, in Libyen, im Irak einmarschiert sind. In Afghanistan waren die deutschen Truppen sogar bis vor kurzem beteiligt. Allerdings wurde der Bevölkerung dieser Krieg über Jahre bekanntlich als humanitäre Hilfe verkauft.

In der EU gilt Merkel bislang als eiserne Lady, dominant und bestimmend. Der Wille zum Erhalt und Ausbau der

EU ist in ihren politischen Aktionen eindeutig eine Herzensangelegenheit. Inzwischen tritt sie verschiedenen Ländern häufiger mit Kritik gegenüber und mischt sich zu sehr in deren innere Angelegenheiten ein. Noch machen die anderen Länder gute Miene zum bösen Spiel, aber doch wohl nur deshalb, weil das Staatssäckel der Deutschen für andere Länder großzügig offen steht. Bewundert, aber häufig auch verspottet reist die Kanzlerin in geschmacklosen Hosenanzügen durch die EU-Länder und verspricht paradiesische Zustände, an die aber zwischenzeitlich keiner mehr glauben mag. Sie ließ sich feiern und hofieren, muss nun aber schmerzlich feststellen, dass ihr bei den neuesten Schachzügen immer mehr eisiger Wind ins Gesicht bläst. Mit ihrer einsamen politischen Entscheidung über die uneingeschränkte Aufnahme von Flüchtlingen und ihrem Aufruf nach Solidarität spaltet sie die EU-Länder. Vier haben sich sogar von vornherein quergestellt und lehnen eine Aufnahme von Flüchtlingen kategorisch ab. Den ungarischen Regierungschef kanzelte sie offen für seine Einstellung ab. In Wirklichkeit ist vielleicht mit Ausnahme von Österreich kaum ein Befürworter der Merkelschen Politik vorhanden. Großbritannien hat 2015 nur 804 Flüchtlinge aufgenommen und will die nächsten vier Jahre 4000 weiterer Personen die Einreise gewähren. Allerdings besteht die britische Regierung darauf, diese Flüchtlinge in Syrien oder in Lagern der Nachbarländer selbst aussuchen zu können. Die Briten werden also die Ärzte und Ingenieure bekommen, von denen wir in Deutschland nur träumen können. Warum nimmt Frau Merkel so eine Entscheidung stillschweigend hin und übt nicht die gleiche

lautstarke Kritik an Cameron wie sie es mit Viktor Orban macht? Besteht in der EU etwa eine Hackordnung? Schweden wird immer als Vorbild genannt. Dass es in ganz Schweden zwischenzeitlich wegen der Flüchtlinge brodelt, hervorgerufen durch zahlreiche Straftaten der Asylsuchenden und als Folge der Ikea-Morde vom 25.08.2015 durch Schwarzafrikaner, vermutlich Eritreer, wird bei uns totgeschwiegen.
Sieht so eine Pressefreiheit oder eine objektive Berichterstattung aus?
Finnland und Norwegen lassen zwischenzeitlich ihre Grenzen nach Schweden überwachen. Diese Länder sind eng befreundet, warum dann diese Maßnahme? Die Erklärung ist einfach. Beide Länder wollen ihre Bevölkerung nicht in die gleiche Situation bringen, mit der die Schweden zur Zeit und deshalb vermutlich für immer zu kämpfen haben.

Der bayrische Ministerpräsident Seehofer hat zum ersten Mal die allgemeine Einstellung in der EU zum Flüchtlingsthema laut ausgesprochen, in dem er sagte, dass allein in einem Landkreis in Bayern mehr Flüchtlinge aufgenommen wurden als in ganz Frankreich. Allerdings kann sich Hollande keinen weiteren Zustrom zur Front-National mehr erlauben, der zwangsläufig nach den Anschlägen auf den Hebdo-Verlag stattgefunden hat. Somit muss man Verständnis zeigen, wenn der französische Präsident bei der Aufnahme islamischer Flüchtlinge Zurückhaltung zeigt.
Auch mit der Einladung an Viktor Orban hat Seehofer politischen Weitblick gezeigt. Man muss einfach aner-

kennen, dass Ungarn zumindest die EU-Gesetze hinsichtlich des Schengen-Abkommens eingehalten hat. So war die Verteilung der 120 000 mehr oder wenig als Täuschung für die deutsche Bevölkerung gedacht. Merkel wollte vortäuschen, dass auch die anderen Mitgliedsländer eine Willkommenskultur zeigen würden. Um die Kanzlerin nicht hilflos im politischen Regen stehen zu lassen, hat man sich in den meisten Ländern auf Aufnahmequoten geeinigt. Diese Zustimmung hätten im Grunde alle Regierungen geben können, da jedem Staatsmann inzwischen klar ist, dass alle Asylanwärter über kurz oder lang zur Goldmine Deutschland ziehen werden. So ist z. B. Österreich vom Lebensstandard der Bundesrepublik sehr ähnlich, wenn nicht sogar etwas besser. „Warum haben von den Massen ankommender Flüchtlinge nicht einmal 100 in Österreich um Asyl gebeten?“, war die Frage eines FPÖ Abgeordneten in einer Gesprächsrunde des ORF. Keiner der anderen Teilnehmer sprach die Antwort so offen aus wie dieser Abgeordnete. Die Gründe, dass sich die Flüchtlinge für Deutschland entscheiden, liegen einzig und allein an der finanziellen Willkommenskultur in der BRD. Danke Frau Kanzlerin, danke liebe Bundesregierung!

Als erste Großtat gegen die Überschwemmung mit Asylbewerbern hat Bundeskanzlerin Angela Merkel ein Treffen der Regierungschefs der EU einberufen, um eine Lösung für das zu finden, was die Kanzlerin für kein Problem hielt.
Neben der misslungenen Quotenregelung wurde beschlossen, dass Asylbewerber sofort zurückgeführt wer-

den müssen, wenn sie aus einem sicheren Land kommen.
Bei dieser Einschätzung wurde die Türkei von Regierungschefs als unsicheres Land benannt, was Frau Merkel mit ihrem Einfluss leicht hätte verhindern können.
Einen größeren diplomatischen Fehler konnte man doch gar nicht begehen. Erdogan und seine Regierung wurden damit brüskiert und beleidigt. Warum sollte man in diesem Fall Zusammenarbeit und Entgegenkommen zeigen? In der Türkei halten sich zur Zeit ca. drei Millionen Flüchtlinge auf. Was passiert, wenn die türkische Regierung diese Menschen ungehindert auf die Reise schickt? Wir sind auf Gedeih und Verderben auf Erdogan angewiesen, was zwischenzeitlich auch bei Frau Merkel angekommen ist.
Und wir sind erpressbar geworden, finanziell, aber auch politisch.
Wen würde es wundern, wenn ein neuer Aufnahmeantrag der Türkei in die EU plötzlich positiv entschieden werden würde?


Den asiatischen Ländern gegenüber verhält sich Frau Merkel eher zurückhaltend.
Die Frage der Menschenrechte wird zwar in China angesprochen, doch sehr leise und in kleinem Kreis, für die breite chinesische Öffentlichkeit verborgen.
Japan lässt sich von Haus aus nirgendwo und in nichts dreinreden. Somit hat die deutsche Regierung es gleich gar nicht versucht, gegen die japanische Atompolitik zu opponieren.
Dafür wurden die deutschen Großenergieversorger durch die abrupte und unüberlegte Energiewende an den

Rand des Ruins gebracht und Millionen von Aktionären wurden um ihre Altersversorgung betrogen.

Dass Japan und China die Weltmeere leer fischen, wird negiert. Es wird nicht angesprochen, dass chinesische Trawler an den afrikanischen Küsten den dortigen Fischern die Lebensgrundlage rauben. Und wenn diese Menschen kein Auskommen mehr haben, machen sie sich auf den Weg. Wohin, das wissen wir.

Als kleiner Ausgleich für die Zerstörung der Weltmeere werden die Fangquoten der deutschen Fischer drastisch eingeschränkt. Ein Staubkorn in der Wüste.

In weiten Bereichen der asiatischen Welt und Südamerikas haben längst Wirtschaftsinteressen die Außenpolitik übernommen. Missstände in der dortigen Umwelt werden in Kauf genommen, ohne Rücksicht auf Verluste und ohne an zukünftige Generationen zu denken.

Nach langer Zeit zeigt wieder ein deutscher Politiker, nämlich der derzeitige Bundesminister für wirtschaftliche Zusammenarbeit und Entwicklung, Dr. Gerd Müller (CSU) ein deutliches Engagement in diesem Bereich und er wagt es auch Missstände anzugreifen, auch solche die von Vorgängern verschuldet worden waren. Er nennt die Wahrheit über die Ursachen der Völkerwanderung, die im Augenblick stattfindet.

Dr. Müller scheint ein Mann zu sein, der noch die Sorgen seiner Wähler versteht und nicht abgehoben und weltfremd agiert. Leider wird es ihm nicht gelingen, Merkel, Gabriel und deren gemeinsamen Hofstaat in ihrer Meinung umzustimmen.

# Bildungspolitik

„Was du ererbt von deinen Vätern, erwirb es, um es zu besitzen!“
Dieses kluge Goethe-Wort war noch während der ersten zwanzig Jahre Bundesrepublik Grundgedanke einer schulischen Erziehung und Bildung.
Was sollte erworben werden, was war gemeint?
Die politische Gesinnung keinesfalls. Aber unsere Väter, unsere Ahnen hatten ja mehr zu bieten. Das Volk der Dichter und Denker, der Physiker und Mathematiker, der Historiker und Archäologen, großer Ärzte und Forscher bot einen Wissensschatz, den es den Nachkommen zu erwerben und zu erweitern galt.
Dieses System aber war abhängig von geistigen Eliten, die an den Gymnasien herangezogen wurden. Der Rest der Bevölkerung verdingte sich in Dienstleistungen oder Handwerk, was keine Schmälerung der jeweiligen Lebensleistung sein soll. Fleiß, Ehrlichkeit, Können und gutes Benehmen waren die Maxime.
Der Einwand, dass es nur den oberen sozialen Schichten möglich war, ein Gymnasium oder eine Hochschule zu besuchen, kann nur bedingt gelten. Viele Familien der Mittelschicht und auch aus Arbeiterkreisen hatten die finanziellen Möglichkeiten, ihre Kinder an höhere Schulen zu schicken. Allerdings wurden die geistigen Möglichkeiten mehr berücksichtigt. Die Mütter lernten die Fähigkeiten der Sprösslinge einzuschätzen, notfalls zu helfen und in der häuslichen Erziehung segensreich zu wirken.

Heute sind wir weit von diesem System entfernt. Eltern bringen ihre Kleinen fast noch im Babyalter in Kitas. Dort herrscht ein Sammelsurium an Kulturen und Bräuchen. Alte Erziehungsziele sind vergessen und nur wenige Erzieher oder Erzieherinnen können noch die Leitgedanken einer abendländischen Kultur verwirklichen. Diese Berufsgruppe ist ähnlich wie die Polizei völlig unterbezahlt. Kinder aller Nationen und Hautfarben nerven die Erzieher. Bei dieser Vielfalt wird ihnen zwangsläufig auch die Rücksichtnahme auf alle ethnischen Gruppen, Religionen und länderspezifische Besonderheiten abverlangt, was in dieser Breite nicht möglich sein wird. Die Fachkräfte in den einzelnen Institutionen geben sich alle Mühe und arbeiten nahezu aufopfernd für ihre Mündel, dennoch ist nur eine relativ geringe Zahl von Erziehungszielen zu erreichen. Bei einer derart vielfältigen Herausforderung ist diese Mammutaufgabe nicht zu schaffen. Und eine begleitende Erziehung durch das Elternhaus findet kaum mehr statt. Das Vorbild oder Leitbild durch die Eltern geht verloren. Zum Schlafen werden die Sprösslinge nach Hause geholt. Nur in betuchten Familien kann eine Mutter noch eine Erziehungsaufgabe im eigenen Heim wahrnehmen und Vorbild sein. Das Imitationslernen ist in Kitas, Horten und Schulen im positiven Sinne nur beschränkt möglich. Zwangsläufig werden von Kindern auch schlechte Gewohnheiten übernommen. Schon in jungen Jahren herrscht Konkurrenz und Mobbing.

Und wie sieht es mit der sprachlichen Entwicklung aus? Bislang konnten Kinder mit Migrationshintergrund die Landessprache erlernen, zumindest in den meisten

Einrichtungen. Es dauerte lange, aber heute kann man sagen, dass die Vorteile einer Vorschule in jeder türkischen Familie angekommen sind. Zwischenzeitlich ist es allerdings so, dass in manchen Kitas die Zahl von Zuwanderern deutlich überwiegt und die deutschen Kinder Sprachdefizite bekommen. Als Konsequenz aus dieser Entwicklung wird nun in einigen Städten bereits mehrgleisig gefahren und die Kinder werden nach Herkunft, Sprache und Religion getrennt. Will man vermeiden, dass islamische Buben die Gleichberechtigung beider Geschlechter erfahren?

Die Dominanz islamischer Buben findet nämlich nicht nur in den Familien statt, sondern wird anschließend auf die Einrichtungen Kita, Schule, Betrieb übertragen. Wie oft haben  Grundschullehrerinnen Probleme mit Buben kurdischer und türkischer Herkunft. Eine Frau will uns etwas sagen? Viele Lehrerinnen bekennen sich nicht offen zu diesen Problemen. Es könnten ja Zweifel an ihrer Lehrbefähigung  und ihrer pädagogischen Eignung entstehen. Wie oft können es ABC-Schützen türkischer Herkunft nicht verstehen, dass Mitschülerinnen ihnen nicht die Schuhe binden  oder die Schultaschen nach Hause tragen müssen. Was aber wird passieren, wenn in Kürze Kinder aus Afghanistan, Pakistan, dem Irak und Syrien dazustoßen? In diesen Ländern ist die Wertigkeit einer Frau gleich Null.

Die Schule soll heute weitgehend Erziehungsaufgaben übernehmen, die früher in allen Familien, jeglicher sozialer Schicht, eine Selbstverständlichkeit waren. Höflichkeit, Fleiß, Pünktlichkeit, Sauberkeit und Hilfsbereitschaft wurden den Kindern vom frühesten Alter an eingetrichtert, wenn auch teils mit falschen Methoden. Bei der Durchführung dieser Erziehungsziele sind den Lehrern heute aber weitgehend die Hände gebunden. Bei kleinsten Ordnungsmaßnahmen stehen Eltern auf dem Parkett, weil sie die individuelle Freiheit und Entwicklung ihres Kindes gefährdet sehen. Jeder kleine Tadel muss mit Uhrzeit und Begründung in Klassentagebüchern festgehalten werden. Sieht so eine staatliche Unterstützung für die Schulen aus?

Einerseits geben Eltern die Erziehung und Aufsichtspflicht für ihre Sprösslinge gerne ab, denn nur so ist es beiden Elternteilen möglich, Geld zu verdienen, andererseits wundern sie sich, dass Äpfel, die am Baum der Erziehung wachsen, auch faule Stellen zeigen können.

Der Druck der Gesellschaft auf die meisten Familien nach Prestigeartikeln ist so gewaltig geworden, dass dieser in Familien alter Tradition mit einem Alleinverdiener meist nicht zu stemmen ist.

Ohne Markenartikel ist kein Kind mehr in und es besteht die Gefahr ausgegrenzt zu werden. Wen wundert es, wenn immer mehr Eltern zu Fake-Artikeln greifen.

Ein Boom dieser Ramschwaren ist nur durch eine falsche Einstellung zum Konsum möglich, eingetrichtert durch direkte oder indirekte Werbung.

Eine völlig destruktive Familienpolitik wurde von den Koalitionsparteien durchgeboxt. Familien werden viel zu wenig entlastet und gefördert. Steigende Geburtenzahlen wären bei einer Kehrtwende die Folgen und nicht die dekadenten Auswüchse in unserem Leben.

Kitas und Ganztagsbetreuung sind mehr oder weniger eine Erfindung der DDR. Man konnte Kinder aushorchen und ungewünschten Einflüssen entziehen. Die Bundeskanzlerin kennt dieses System natürlich sehr gut und sieht nun darin eine Möglichkeit in Horten, Kitas und Ganztagsschulen die Kinder von der Straße zu holen. Ein frühes Abgleiten in Kriminalität und Drogen soll dadurch vermieden werden. Eine Kleinigkeit wird dabei allerdings vergessen. Nach der Wiedervereinigung wanderten viele Familien aus der ehemaligen DDR in den Westteil der BRD ab. Kinder aus den ehemaligen Tagesstätten besuchten nun plötzlich Schulen in den alten Bundesländern. Was dabei aber auffällig war, dass darunter ein auffällig hoher Prozentsatz an Kindern Verhaltensabweichungen im negativen Sinn und Erziehungsdefizite zeigte.

Unzählige Studenten überrennen mit desaströsen Kenntnissen die Hochschulen und Universitäten und werden als Akademikerschwemme nach dem Examen in die Wirklichkeit oder Arbeitslosigkeit entlassen.
Dazu kommen noch die unterschiedlichen Anforderungen wie sie in den einzelnen Bundesländern üblich sind. So sind Berufsanfänger die von der Bremer Universität kommen, zumindest von mehreren dortigen Fakultäten, kaum vermittelbar. Vom Bremer Abitur sagt man in Süddeutschland ironisch, dass es von Erstklässlern aus Bayern korrigiert werden könnte.
Dieses Bild wird oder wurde nur dadurch möglich, dass die erforderlichen Leistungsansprüche an den Schulen vehement herabgesetzt wurden, nach Ländern unter-

schiedlich, aber überall.

Das Argument, dass früher der Besuch eines Gymnasiums nur für eine privilegierte soziale Schicht möglich war, ist nur bedingt richtig. Heute sagen Gymnasiallehrer, dass jeder das Abitur schaffen kann. Die Lehrer gehen dem Druck der Eltern aus dem Weg, die Schulleiter lassen dies gewähren, da sie der ständigen Auseinandersetzungen leid sind und selbst nach hohen Erfolgsquoten bei Absolventen von der Regierung beurteilt werden. Nur verschiedene Fakultäten der Universitäten wehren sich durch das Hintertürchen mit dem Namen Numerus Clausus oder durch Eignungstests, um unpassende Studenten abzuwehren. Wie lange noch?

Akademische Ausbildung für jeden heißt die Devise. Ähnlich wie in den USA, wo jeder Tankwart einen College-Abschluss aufweisen kann und jede Frisörin ein Diplom erworben hat. Unterhält man sich mit einem Amerikaner der Unterschicht oder der Mittelklasse, so wird einem schnell bewusst, dass Bildung und Wissen Fremdwörter sind. Beruflich hoch qualifiziert, aber bewusst zu Fachidioten erzogen. Diese Einseitigkeit ist selbst noch bei Universitätsprofessoren zu bemerken. Das Allgemeinwissen bleibt auf der Strecke.

Was aber noch bedenkenswerter scheint, ist die Tatsache, dass ganz bewusst eine Kritiklosigkeit und Naivität herangezogen wird. Der gravierende Unterschied dort zu unserem System ist, dass eine kleine Oberschicht aus reichen Amerikanern, die meist von den immens teuren Eliteuniversitäten kommen, die breite Masse an Unwissenheit bestens manipulieren kann. Die Masse glaubt, was sie sieht und hört. So ist es leicht, politische oder militärische Entscheidungen zu begründen und an den Mann oder die Frau zu bringen.

Bei uns ist es ähnlich. Die Manipulation erfolgt durch die Medien im Auftrag von wenigen Interessenkartellen, wie Konzernen, milliardenschweren Unternehmerfamilien und Verbänden.

Daneben gilt es natürlich bei uns und in den USA die Interessen Israels unterschwellig in politische Entscheidungen einzubauen. Bei uns Deutschen wird die Erbschuld noch für einige Generationen als Vorwand benutzt werden. In den USA ist jeder Präsidentschaftskandidat chancenlos, wenn er sich nicht vor der Wahl als ein Freund jüdischer Interessen zu erkennen gibt. Nur Präsident Clinton war zumindest nach seiner Wahl der aggressiven Politik Israels wenig zugetan. So munkelt man, dass der israelische Geheimdienst, der auch die geheimen Schwächen des Präsidenten kannte, Monica Lewinski als Geheimwaffe einsetzte, um den Präsidenten als Konsequenz aus dem Skandal zum Rücktritt zu zwingen oder zumindest eine zweite Regierungsperiode zu verhindern. Clinton gelang es jedoch seinen Stuhl zu retten und gewann sogar die zweite Präsidentenwahl. Er rächte sich an den Israelis dadurch, dass er den israelischen Präsidenten Rabin und den Palästinenserführer Arafat zu einem Treffen und einem Abkommen in Camp Davis zwang, das die Politik beider Gruppen in eine friedliche Richtung gezwungen hätte, aber besonders die israelischen Interessen eingeschränkt hätte. Da dieses Abkommen politisch nicht zu verhindern gewesen wäre, hat man sich darauf besonnen, dass die Beseitigung der beiden einsichtigen Politiker das Problem lösen würde. So wurden beide Politiker ermordet. Rabin durch einen orthodoxen Juden und Arafat vermutlich durch radioaktives Gift. Seine Krankheitssymptome ähnelten sehr denen, welche bei der Ermordung eines russischen Exagenten in London aufgetreten waren. In Geheimdienstkreisen flüsterte man, dass einer der israelischen Geheimdienste Arafats Leben verkürzt habe. Somit war der Weg für die gewohnte israelische Politik wieder geöffnet.

# Pressefreiheit und Meinungsbildung

Der erste große Einsatz manipulierter Medien geschah in der BRD während der Studentenunruhen 1968. Die Studentenschaft war damals noch kritikfähig und in der Lage Zusammenhänge zu erkennen. Nahezu alle Studenten waren damals gegen den Vietnamkrieg der USA, der den Deutschen in den Medien mehr oder weniger als der Kampf gegen den Kommunismus zum Wohle der südvietnamesischen Bevölkerung verkauft wurde. Amerika als Retter eines demokratischen Südvietnam. Tatsache war, dass Südvietnam bis in die Fundamente korrupt war und eine Demokratie nicht im Ansatz vorhanden war.

Bei den genehmigten Protestmärschen deutscher Studenten, die von Unmengen Polizei begleitet wurden, kam es immer wieder zu Krawallen, bei denen in den Medien regelmäßig die Studenten als Verursacher ausgemacht wurden. Einmal wurde ich sogar persönlich Zeuge, wie so ein Polizeieinsatz ablief. Bei einer genehmigten Demonstration stand ich als unbeteiligter Passant direkt hinter dem aufgereihten Polizeiaufgebot. Der Studentenaufmarsch näherte sich unter rhythmischen Ho Chi Minh-Rufen, aber geordnet und friedlich dem Platz, wo das Polizeiaufgebot und ich standen. Als die gleiche Höhe erreicht war, gab der leitende Beamte den Befehl loszuschlagen. Mit gezückten Knüppeln stürzten sich die Uniformierten auf die Studenten und eine wilde, aber einseitige, Schlägerei begann.

Natürlich wurde im Rundfunk, im Fernsehen und in der

Presse über den Vorfall berichtet und völlig verdreht beschrieben. Was mich damals noch mehr betroffen machte, war, dass vor allem die Bevölkerung in der Provinz glaubte, was man damals hetzartig verbreitete. Die Erwachsenen dieser Ära waren noch vom Nationalsozialismus geprägt und glaubten mehr oder weniger alles, was Politiker erzählten oder von einem Schmierblatt verbreitet wurde. In höhnischen Artikeln wurden die Studenten außerdem zu Faulenzern und Verschwendern von Steuergeldern abgestempelt.

Beim Schahbesuch in Berlin wurden deutsche Studenten, die gegen das Schah-Regime berechtigt und friedlich demonstrierten, von den Leibwächtereinheiten des persischen Kaisers nieder geprügelt und das vor den Augen der offiziellen Polizei.

Die Sachlage wurde auch hier lügnerisch abgehandelt, vorrangig vom Springerverlag, der die Wut der Studenten als Vorreiter aller Hetzen kurze Zeit später besonders zu spüren bekam.

Bis heute hat sich an dieser Form der Berichterstattung nichts geändert. Geschrieben, gesendet wird, was ins „Bild" passt. Unliebsame Ereignisse werden bewusst tot geschwiegen, verharmlost oder übertrieben dargestellt. Wie polemisch wurde über Griechenland geschrieben. Wie unschuldig waren die EU, die Banken und wie großartig setzten sich die Kanzlerin, aber noch mehr Frank-Walter Steinmeier (SPD) oder gar Vizekanzler Gabriel für den Erhalt der EU ein. Alle Drei wurden in den politischen Olymp gehoben. Es wurde mehr oder weniger geschrieben, was der Regierung gefiel. Als die Flüchtlingsdebatte ins Blickfeld geriet, wurden die Tatsachen einfach beschönigt. Man sprach nicht aus, dass dieses existenzielle Problem gerade seine Schuhe in Europas Türen steckte. Die Politiker im Bundestag begriffen lange nicht, was sich eigentlich ereignete und diejenigen, die es begriffen, waren still oder mussten schweigen. Den Grünen und Linken passte die Zuwanderung ins Bild, die SPD und CDU waren so mit Griechenland beschäftigt, dass sie einige hunderttausend Flüchtlinge als Kleinigkeit betrachteten. Seite an Seite verteidigten Merkel und Gabriel anfänglich eine grenzenlose Zuwanderung. Eine Willkommenskultur wurde dieser Zustand genannt. Dass ein Großteil der Bevölkerung schon längst Erfahrungen mit Flüchtlingen gemacht hatte, wurde verschwiegen. Menschen mit Sorgen und Nöten wurden von den Politikern über ihren verlängerten Arm „Medien" verächtlich gemacht. Wenn irgendwann eine kritische Stimme doch an die Öffentlichkeit gelangte, wurde diese bewusst der Lächerlichkeit preisgegeben. EU-Länder, welche die Lage richtig einschätzten, wurden diffamiert und an den rechten Rand gestellt. Pegida-Demonstranten waren alle Nazis, abgestempelt durch Presse und Politik. Talkrunden im Fernsehen waren besetzt mit Gutmenschen, Linken und Grünen, Vertretern islamischer Organisationen, die dann kollektiv auf einen Skeptiker losgehen mussten um das Recht auf Asyl zu verteidigen.

Deutsche, die mit diesen Flüchtlingen schlechte Erfahrungen gemacht hatten und nun demonstrierten, wurden in Rundumschlägen beleidigt, Beleidigungen, die einen gewichtigen Teil der deutschen Bevölkerung betrafen. Vorfälle, Verbrechen und Krawalle durch und unter den

Flüchtlingen wurden bewusst in der Presse negiert. Straßenschlachten, Messerstechereien, Vergewaltigungen, Zwangsprostitution und vieles mehr blieb einfach ungedruckt, zumindest anfänglich. Den Gipfel bildeten die Ikea-Morde am 25. August diesen Jahres. Zwei Eritreer hatten in einem Ikea-Haus in Västeras nahe Stockholm den heiligen Krieg ausgerufen und zwei Kunden, Mutter und Sohn nach IS-Manier die Köpfe abgeschnitten. Am nächsten Tag wurden von einem Fahrenden in Frankreich drei Zivilpersonen und ein Polizist erschossen. Vielleicht lag es an mir, aber ich konnte nirgendwo einen Bericht finden.

Fahndungsbilder von identifizierten Vergewaltigern dürfen nicht gezeigt werden, wenn diese schwarz sind.

Wenn Bilder von Flüchtlingen als Titelseite oder im TV auftauchen, sind es gezielt Familien mit Kindern. Schwarze traurige Kulleraugen betrachten den Leser oder Zuschauer. Warum werden nicht die finsteren Gestalten gezeigt, die im Hintergrund vorüberziehen?

Niemand zeigt den Egoismus, der unter den Flüchtlingen herrscht, der keine Rücksicht auf Alte und Kinder nimmt. Jeder ist sich selbst der Nächste. Doch diese Aggressivität wird dem Stress, den Erlebnissen und der Panik zugeschrieben, bleibt unerwähnt, wird nicht hinterfragt.

In vielen Städten mit Flüchtlingsunterkünften werden Schäden durch Flüchtlinge stillschweigend bezahlt und werden nicht veröffentlicht. Hat der Bürger nicht das Recht in seiner Tageszeitung über solche Vorkommnisse informiert zu werden?

Besonders bei Zahlenangaben ist auch heute noch Vorsicht geboten. Unangenehme Zahlen, wie zum Beispiel Mengenangaben zu Pegida-Demonstrationen, werden nach unten korrigiert, bei Gegendemonstrationen nach oben, gleichgültig ob diese Gruppen gewaltbereiten linken Vereinigungen oder sonstigen Chaoten angehören. Bei Auseinandersetzungen zwischen verschiedenen Demonstranten wird die Schuld immer zuerst im rechten Lager gesucht. Selbst Krawallszenen, an denen ausschließlich linke Gruppen beteiligt sind, werden meist mit fiktiven rechten Schlägern erklärt. Warum hat die Presse und die anderen Medien so abwertend über Pegida-Demonstranten berichtet, obwohl allen Berichterstattern klar war, dass 90% der Teilnehmer nicht der rechten Szene zuzuordnen waren?

Das Fähnlein wird nun in den Wind gedreht. Erstaunlicherweise werden seit Kurzem plötzlich Artikel geschrieben, die der Wahrheit näher kommen. Was war passiert? Die Bayern hielten nicht mehr hinter den Berg. Die Zustände in ihrem Bundesland waren bei der Aufnahme von Flüchtlingen dermaßen chaotisch geworden, dass der Druck in der CSU von unten nach oben so gewaltig wurde, dass etwas geschehen musste. Ministerpräsident Horst Seehofer eröffnete den Disput. Er outete die wahren Zustände und sprach Dinge an, die vorher völlig negiert worden waren. Und mit dem Aufstand der CSU trauten sich auch einige CDU-Abgeordnete ihre Bedenken zu äußern. Für Presse und TV war das ein Signal, dass auch die Stimmung im politischen Lager wechseln würde. Und dementsprechend ehrlicher wurde auch die Berichterstattung. Teddybären wurden merklich aus den Titelseiten verdrängt.

Bleibt zu überlegen, warum Presse und Fernsehen es mit der Wahrheit bei ihren Beiträgen nicht so genau nehmen und nicht objektiv berichten?

Zunächst einmal ist sehr entscheidend, wer bei einer Zeitung das Sagen hat oder wer der Besitzer eines Blattes ist, was bei uns in Deutschland immer auf ganze Zeitungsimperien bezogen werden muss.

In der Springerpresse wird der Leser kaum ein Wort der Kritik über Israel finden. Der Konzerngründer Axel Springer ging so weit, dass er Israel in allen Belangen unterstützte und die Palästinenser stets als Übeltäter darstellte, völlig an der Realität vorbei. Warum er dies machte ist, für mich und viele andere bis heute ein Rätsel. All die Ehrungen, die er für seine Haltung in Israel erhielt, konnten der Grund nicht gewesen sein. Allerdings muss man der Gerechtigkeit halber einfach sagen, dass Israel auch bei den meisten anderen Zeitungen Narrenfreiheit genießt, wenn man einmal von den rechten Blättern absieht. Ähnlich wie in der Politik macht man gute Miene zum bösen nahöstlichen Spiel.

Die SPD besitzt eine große Zahl eigener Zeitungen und ist bei 40 weiteren mindestens beteiligt. Wer nun glaubt, dass diese Blätter objektiv berichten würden, der hat auch schon den Osterhasen gesehen. Natürlich haben auch die CDU und die anderen Gruppierungen parteinahe Blätter.

Unabhängige Zeitungen sind erpressbar, wenn sie von Großkundeninseraten abhängig sind. Ohne Inserate keine Zeitung.

Man unterscheidet Freund und Feind, denkt man nur an die Annexion der Krim durch Putin. Ein Aufschrei der

Empörung tönte durch den Blätterwald. Ähnlich wie im Vietnamkrieg wurden die amerikanischen Angriffe auf Panama, auf Somalia, auf den Irak, Libyen und Afghanistan niemals als Bruch des Völkerrechts bezeichnet. Humanitäre Gründe wurden dem Leser als vordergründige Kriegsziele genannt. Das Bild vom „guten Amerikaner" musste erhalten werden. Man schreibt auch nicht, dass all das Leid der Flüchtlinge, dessen Folgen wir gerade ausbaden müssen, durch egoistische und teilweise unüberlegte Angriffskriege der USA hervorgerufen wurden.

Niemand spricht darüber, dass funktionierende Gesellschaftssysteme in Schutt und Asche gebombt worden waren, selbst wenn sie Diktaturen waren. Man verschweigt, dass diese Diktatoren vom Großteil ihrer Untertanen geliebt worden waren. Man verschweigt, dass diese Kriege aus ganz anderen Gründen geführt worden waren.

Ähnlich verhält es sich bei politischen Informationen im TV. Bildmaterial wird so ausgewählt, dass bereits durch diese Aufnahmen im Unterbewusstsein des Betrachters eine Meinungsbildung stattfindet. Zu welcher Stimmungsmache wurde jener tote Junge am Strand missbraucht!

Manche Ereignisse werden bewusst so gefilmt oder fotografiert, dass beim Betrachter ein völlig falscher Eindruck entsteht. Manche wichtige Tatsachen werden nicht erwähnt und einfach totgeschwiegen, wenn Inhalte ein unerwünschtes Umdenken oder zumindest ein Nachdenken hervorrufen würden.

Werden in letzter Zeit im TV Bürgerbefragungen über unsere augenblickliche Lage gezeigt, werden bewusst einfach viel mehr Pro-Stimmen gesendet. Wie soll der Zuschauer auch merken, dass er eigentlich um die Wahrheit betrogen wird.

Wenn man den Bürger auf eine bestimmte Linie bringen will, werden in fast allen Programmen Filme gezeigt, die irgendwo eine augenblickliche politische Aktualität im gewünschten Sinne ansprechen, Flüchtlingsthematik in Spielfilmen, Dokumentationen mit eindeutiger Tendenz. Eine Manipulation entsteht zum Beispiel auch durch die kurzen Aussagen einer großen Anzahl bekannter Fußballer, die sich in verschiedenen Sprachen gegen Rassismus wenden. Wer bringt diese Sportler dazu, dieses Statement abzugeben? Wer steckt hinter dieser Aktion, denn ein Selbstläufer ist sie sicher nicht? Sollen Fußballfreunde dazu bewegt werden, ihre Vorurteile gegen Flüchtlinge abzubauen?

Wieder einmal wird der Begriff Rassismus missbraucht. Die einfachste Möglichkeit, eine breite Öffentlichkeit auf eine bestimmte Meinungsrichtung einzuschwören, bieten die allabendlichen Talkshows und Gesprächsrunden. Unter der Vorgabe der Talkmaster, man sei objektiv und unvoreingenommen, werden unkritische Zuschauer auf eine billige Art und Weise mit Argumenten berieselt, die in Wirklichkeit nicht stimmen oder nur Halbwahrheiten sind.

Schon lange kann man in Gesprächsrunden, die das Thema Flüchtlinge beinhalten, ein ähnliches Strickmuster erkennen. So wurden zum Beispiel dem Landtagsabgeordneten Scharnagl (CSU) fünf Diskussionspartner zugeordnet, bei denen die Absicht vorlag, Herrn Scharnagl mit seiner kritischen Meinung zum Flüchtlingsproblem bloßzustellen. Zu meiner Freude ist bei diesem Beispiel der Schuss nach hinten losgegangen, denn der alte Politikfuchs konnte mit seinen Argumenten beim Zuschauer wesentlich besser punkten. Bei den meisten Runden, die ich in den letzten Monaten verfolgen konnte, gelang aber leider der gewünschte Effekt.

# Boomland Deutschland und die EU

Wenn man die augenblickliche wirtschaftliche Situation in der BRD betrachtet, muss man neidlos ein florierendes ökonomisches System anerkennen. Das Zugpferd in der EU. Allerdings ist es noch gar nicht lange her, als die Situation ein ganz anderes Gesicht zeigte. Millionen von Arbeitslosen, rückläufige Exporte und Stagnation im Inland. Die EU-Auflagen wurden nicht erfüllt und Strafen in Millionenhöhe wurden angedroht.
Nun gelang  der Rot-Grün-Regierung ein ausgesprochen glücklicher Schachzug in Form der Agenda 2010, die eine Reform des Sozialsystems und des Arbeitsmarktes beinhaltete. Diese Reformen wurden von der damaligen Regierung zwischen 2003 und 2005 größtenteils umgesetzt. Die Früchte davon konnte aber erst die neue Regierung unter der Kanzlerin Angela Merkel einfahren. Durch eine absolute Niedriglohnpolitik und rigorose Sparmaßnahmen wurden deutsche Artikel in Kürze zum Kassenschlager. Während andere EU-Länder das Gegenteil taten und somit oft an den Rand einer Staatspleite rückten, konnte Deutschland in wichtigen Industriebereichen an die Weltspitze gelangen. Zwar schielten deutsche Normalverdiener etwas neidisch auf die Kollegen in den Nachbarländern, die wesentlich mehr für gleiche Tätigkeiten bekamen. Dennoch herrschte Zufriedenheit, man hatte sein Auskommen, wenngleich bei vielen Familien zum Ende eines Monats Fastenzeit angesagt war. Die  Preiserhöhungen in den anderen Ländern als Folge dieses unnatürlichen und ungesunden Einkommenszu-

wachses schwächten jegliche Konkurrenzfähigkeit. Die Verschuldung dieser Staaten und ihrer Bürger stieg dramatisch an. Allerdings hatte sich auch der Lebensstandard in diesen Ländern deutlich gehoben.

So waren bereits 2007 in Irland kaum mehr alte Autos zu finden. Neben unzähligen zerfallenen Bauernhäuser standen neue Villen, die alle beim Baupreis im Millionenbereich lagen. Die EU hatte die Kassen geöffnet und Zuschüsse waren im Überfluss geflossen. Doch man hatte sich übernommen und bald stand man vor der Pleite. Sparmaßnahmen, ähnlich wie in Deutschland wurden in die Wege geleitet. Der IWF und die EZB öffneten ihre Wundertüten und bald ging es den Iren wieder besser. Wirtschaftsexperten sprechen allerdings von Makulatur und dass man nicht hinter die Kulissen schauen dürfe. Ähnlich ging es Portugal und Spanien, wobei die Portugiesen die Krise angeblich überstanden haben und auch Spanien deutliche Fortschritte zeige. Bei beiden Ländern wird allerdings verschwiegen, dass ein Großteil der Bevölkerung an der Armutsgrenze lebt. Den Italienern scheint es ebenfalls nicht gut zu gehen, sie lassen sich aber nicht in die Karten schauen. Bei einer Staatspleite auf dem Stiefel wären aber internationale Geldgeber relativ wenig betroffen, da Italien seine Staatsanleihen und Schulden hauptsächlich durch Geldgeber aus dem eigenen Land befriedigt. Größte Sorgen bereiten bis heute die Griechen, denen es nur durch frisierte Bilanzen gelang in die EU zu gelangen. Den anderen Beitrittsländern waren diese falschen Zahlen bekannt, doch keiner stieß sich daran. Die Griechen waren aber auch niemals bereit, irgendwelche Reformen zur Verbesserung ihres

Staatshaushaltes einzuläuten. Im Gegenteil, man schöpfte aus dem Vollen, voll bewusst, dass diese Staatsanleihen niemals zurückgezahlt werden konnten. Als die Geldquellen langsamer sprudelten, machte die Regierung Versprechungen auf Reformen und unverzüglich schwappten neue Geldwellen ins Land. Man leistete sich einen riesigen Beamtenapparat mit fürstlichen Gehältern und wie in den anderen Berufen auch ein Ruhestandalter von 50 Jahren. Das Militär war übermäßig ausgestattet an Personal und Material und verlangte nach ungeheuren Haushaltsmitteln. Die Rentenausgaben war unkontrollierbar und viele Familien kassieren bis heute Renten von bereits verstorbenen Angehörigen, die, wären sie noch unter den Lebenden, 120 Jahre und mehr alt sein würden.

Wie sollen diese IWF- und EZB-Darlehen bedient werden. Die meisten Griechen bezahlen bis heute keine Steuern oder nur winzige Teilbeträge. Eine Finanzaufsichtsbehörde wie in anderen Ländern gab und gibt es nicht. Wenn man an Griechenland denkt, denkt man Urlaub oder milliardenschwere Reeder. Könnten die Besitzer ganzer Flotten nicht? Natürlich könnten die. Vorsichtshalber haben sie aber ihre Vermögen schon längst außer Landes gebracht. Nur eine Vielzahl von Luxuswillen blieb zurück, teilweise abgeschottet auf eigenen Inseln. Leider konnte man diese Latifundien nicht mitnehmen. Doch das wäre gar nicht notwendig gewesen, denn selbst die jetzigen Machthaber scheuen sich, dieses Problem anzugehen.

Auch der Mittelstand, Kleinindustrie und Handwerk haben ihre Konten schon lange nicht mehr in ihrem Heimatland, sondern in sicheren europäischen Ländern geparkt. Der Steuerbetrug zieht sich folglich fast durch alle Schichten. Es gibt kein Katasteramt, niemand weiß genau, wem was gehört.

Wieder einmal wird augenblicklich den Griechen eine neue Chance eröffnet. Die Hauptlast der neuen Kredite soll durch Deutschland abgesichert werden, was die Griechen mehr oder weniger unserer Bundeskanzlerin zu verdanken haben. Wer  meinen sollte, die Griechen müssten nun so etwas wie Dankbarkeit zeigen, hat sich mächtig getäuscht. Merkel wird beschimpft und auf Titelblätter diverser Gazetten sogar mit Hitlerbart verunstaltet.
Obwohl viele Abweichler in den eigenen Reihen waren, konnte die Kanzlerin mit Hilfe von Oppositionsstimmen ihren Antrag im Bundestag durchdrücken.
Jeder deutsch Staatsbürger würde bei einer Pleite Griechenlands eine Menge Geld verlieren, andererseits werden auch die neuen Kredite von Griechenland niemals bedient werden und somit in fünfzig Jahren abgeschrieben werden. Allerdings wäre der Verlust in diesem Falle schleichend. Merkel versündigt sich an ihren eigenen Bürgern. Unzählige Rentner leben auch bei uns an der Armutsgrenze und bei Rentenerhöhungen wird um jeden Euro gefeilscht.
Polizei, Finanzwesen, Schulen und etliche andere Behörden sind unterbesetzt. Straßen sind Notstandsgebiete, ganz gleich in welchem Zuständigkeitsbereich sie liegen.
Defizite in der sozialen Absicherung sind allseits be-

kannt. Es geht hier allerdings um Menschen, die ihr Leben lang fleißig gearbeitet haben, aber im unteren Lohnsektor angesiedelt waren. All diese Menschen haben unser Land mit zu dem gemacht, was es heute darstellt. Immer wieder mahnt die Regierung und fordert zur privaten Altersvorsorge auf. Wie wäre es, wenn mit den Staatseinnahmen verantwortungsvoller umgegangen würde und in diesem Bereich Vorsorge getroffen würde? Wie kann ein Bundestag einer sturen Kanzlerin zustimmen, die partout Volksvermögen vernichten will?

# Finanzpolitik

Deutschland, ein reiches Land? So scheint es wenigstens nach außen. Die Bundeskanzlerin spricht nur noch von Milliarden, die sie für irgendwelche Aktionen zur Verfügung stellt. Obwohl Finanzminister Schäuble krampfhaft versucht, Geld einzusparen, ist die Kanzlerin als Gegenpol kräftig damit beschäftigt das Geld zu verteilen, wobei es leider oft nicht im Land bleibt, wo es, das weiß jeder von uns in verschiedenen Bereichen dringend benötigt werden würde.

Schäuble verkündet immer noch stolz eine schwarze Null erreicht zu haben und plant dieses Ziel angeblich auch für 2016 ein. Allerdings dürfte diese Aussage einfach nur aus politischem Kalkül heraus gemacht worden sein und Augenwischerei bedeuten. Man will nicht gestehen, dass die Versorgung der Flüchtlinge Unsummen kosten wird und jeder Deutsche mehr oder weniger stark betroffen sein wird.

Geht man nur für 2015 von einer Flüchtlingszahl von einer bis eineinhalb Million aus, die Politiker nennen ja öffentlich diese Zahl mit der deutlichen Tendenz nach oben, so kommt bei einer Kostenschätzung von 30000 € pro Flüchtling ein Betrag von 30 - 50 Milliarden zusammen, wobei allerdings Wohnungsbau, Mieten, Möbelbeschaffung, Kosten für Kitas und Schulen inkludiert sind. Wenn man den weiteren Zustrom und Familienzusammenführungen, was für die nächsten Jahre noch zu erwarten ist, hinzurechnet, werden wir es schnell mit drei Millionen Menschen anderer Kontinente und Kulturen zu tun haben, die alle versorgt werden wollen. Die Kosten werden derart in die Höhe schnellen, dass die Gelder, die nach Griechenland fließen mit einer sonntäglichen Kollekte zu vergleichen wären.

Warum kann ein solches Finanzverhalten überhaupt noch annähernd gelingen und warum wird verschwiegen, dass im Augenblick im Finanzbereich ein Tanz auf dem Vulkan stattfindet?

Man hört immer, dass die Steuereinnahmen in ungeahnter Höhe sprudeln, dass aber der Gesamtschuldenstand unseres Staates bei 3 Billionen liegt und damit eine Schuldenlast von 81000 € auf jedem Einwohner, also vom Baby bis zum Greis lastet, wird tunlichst nicht erwähnt. Ein Schuldenabbau wäre zwingend notwendig, wenn wir nicht den nächsten Generationen eine ungeheure Erbschuld in die Wiegen legen wollen.

Wie gelingt es denn der Regierung eines solch überschuldeten Landes überhaupt, den Schuldendienst zu stemmen?

Ein kleiner, aber gefährlicher Trick, international weit verbreitet.

Zinsen werden künstlich völlig am Boden gehalten und gehen gegen Null, was mehr oder weniger bedeutet, dass geliehenes Geld auf lange Sicht kostenfrei ist. Dass man dadurch all die fleißigen Sparer schädigt, die ihr Scherflein für Notzeiten zur Seite gelegt haben, wird bewusst in Kauf genommen. Wo bleibt das im Grundgesetz verankerte Recht auf Eigentum, wenn wir schon täglich das Recht auf Asyl zu hören bekommen?

Es lauern zwei Möglichkeiten, die in der Bundesrepublik den finanziellen „Worst Case" auslösen würden, Möglichkeiten die bei der aktuellen deutschen Staatsverschuldung und bei der augenblicklichen politischen Lage schon als Einzelfall zur Katastrophe führen würden, aber durchaus möglich sind.

Nehmen wir an, eine Inflationswelle würde weltweit entfacht werden, bedingt durch einen Krieg, durch einen Engpass in der Ölförderung, durch künstliche Verknappung von Energie, durch Ernteausfälle großen Stils oder Ähnlichem. Die Konsequenz wären sprunghaft steigende Preise, steigende Preise auf breiter Front. Und es gäbe nur eine einzige Möglichkeit gegenzusteuern, nämlich wachsende Zinsen. Ein künstliches Beeinflussen der Zinsen wäre kaum mehr möglich. Die USA würde sich in diesem Fall keinen Deut darum scheren, ob eine Zinserhöhung der BRD oder der gesamten EU in den Kram passen würde oder nicht.

Riesige Geldmengen würden aus Europa abgezogen werden und somit die Geldbeschaffung oder die Bedienung bestehender Kredite in EU-Ländern, allen voran Deutschland, sehr verteuern.

Der einzige Ausweg aus solch einer Situation wäre eine Flut von Maßnahmen, die uns alle nicht schmecken würden. Drastische Steuererhöhungen, die Kürzung oder Streichung vieler Subventionen, Einsparungen in allen öffentlichen Bereichen, der Zugriff des Staates auf Privatvermögen in ungeahntem Ausmaß sind nur einige Beispiele.

Die zweite Horrorvorstellung wäre eine wirtschaftliche Rezession. Wir tun immer so, als wäre es eine Selbstverständlichkeit, dass die Wirtschaft brummt. Warum bedenken wir nicht, dass die Wirtschaft jederzeit einbrechen könnte?

Wir sind auf Exporte angewiesen. China zeigt schon erste deutliche Anzeichen von Schwächen, Handelspartner Russland wurde in Eigeninitiative demontiert und fällt aus. Die Einfuhrmenge deutscher Autos in die USA wird für alle Hersteller einbrechen, bedingt durch den Betrug des VW-Konzerns mit getürkten Abgaswerten in den USA. Der Absturz des DAX ist ein weiteres Indiz, dass der Glaube in die heimischen Produkte schwer geschädigt ist. Kurzarbeit im Bereich der Autoindustrie wurde zumindest bei VW schon in Erwägung gezogen und bald werden wir von notwendigen Entlassungen hören.

Die Steuereinnahmen werden spärlicher fließen und die Agentur für Arbeit wird gewaltigen Andrang verspüren. Auch solch eine Entwicklung würde unseren Staat an den Rand eines finanziellen Unterganges bringen und ein Totalbankrott wäre nur über die bekannten Notmaßnahmen, wie schon im letzten Fall geschildert, zu bekämpfen.

Der schlimmste Fall aller erdenklichen Fälle wäre das gleichzeitige Auftreten beider Möglichkeiten. Die Folgen wären extreme Kürzungen, die Kappung der Bezüge im öffentlichen Dienst, keine Neueinstellungen, medizinische Notversorgung, private und betriebliche Insolvenzen, Mieterhöhungen, Beschlagnahmung der privaten Vermögen und letztendlich Staatspleite. Die Gefahr von Unruhen, Demonstrationen wäre selbstverständlich. Wer würde sich in solchen Situationen noch mit gütiger Hand um Flüchtlinge kümmern? Im Gegenteil Hass

würde entstehen, Unterkünfte, Wohnhäuser würden brennen. In solch einem Fall würde das Grundgesetz, zumindest teilweise, außer Kraft gesetzt werden und die Notstandsgesetze würden die Ordnung in Deutschland regeln. Eine politische Bankrotterklärung.
Hoffen wir, dass solch ein Szenario niemals eintreten wird, aber allein die Tatsache, diese Möglichkeit zu riskieren, ist schon ein Verrat der Politik an unserer Nation. Mit der Zukunft unseres Land zu spielen, kann auch ein Recht auf Asyl nicht aufwiegen.

# Schlussresümee

Eine Politik des Weitblicks muss natürlich globale Entwicklungen erkennen und in die eigenen Entscheidungen einbeziehen. Vorrangig ist aber unsere Regierung für Deutschland und seine Bürger verantwortlich, integriert in einem freien und vereinigten Europa. Mit den letzten Entscheidungen riskiert Frau Merkel nicht nur den inneren Frieden in unserer Heimat, sondern auch den Zerfall unseres mühsam gemeinsam erbauten Hauses Europa. Sie und ihre gesamte Regierung wurden von Deutschen für Deutsche gewählt. Die Politiker haben einen Eid geleistet, sich für das Wohl unseres Vaterlandes einzusetzen, besonders auch im Hinblick auf kommende Generationen. Diese würden nämlich die volle Wucht der dramatischen Fehlentscheidungen zu spüren bekommen. Augenblicklich wird ein unglücklich formuliertes Recht für eine völlig falsche Ausländerpolitik missbraucht. Nächstenliebe und Mutter-Theresa-Gefühle berechtigen nicht, ein Volk in seiner Existenz zu gefährden. Vielleicht sollte sich Frau Merkel noch einmal das Goethewort „Was du ererbt von deinen Vätern, erwirb es, um es zu besitzen!" durch den Kopf gehen lassen.
Sieht Frau Merkel nicht die Gefahr, dass Deutschland einen gewaltigen Ruck nach rechts machen könnte? In dem Bundesland Oberösterreich unseres Nachbarn Österreich wurde gewählt und das Resultat war ein gewaltiger Erfolg der FPÖ. Bei einer Wahl der Regierung in Österreich hätte die FPÖ nach Meinung von Fachleuten die absolute Mehrheit. Bundeskanzler Faymann mit ei-

ner Flüchtlingspolitik ähnlich der von Frau Merkel, wäre abgewählt.

Sicher haben Politiker aller deutschen Parteien von diesen Ergebnissen aus unserem Nachbarland gehört. Allerdings wird dieses Schlamassel ganz bewusst nirgendwo öffentlich angesprochen. Eines ist trotz allem sicher, gelacht haben dürften nur die AfD und ihre Gesinnungsgenossen.

Zu meinem Fragenkatalog, auf den ich dieses Buch aufbaue, gehört auch die Frage, wie man dieses Flüchtlingsdilemma  lösen könnte. Alle Personen waren sich grundsätzlich einig, dass der Zeitpunkt für eine vernünftige Lösung längst überschritten wäre. Als Notlösungen wurden folgende Beispiele genannt:

Die sofortige Schließung der EU-Außengrenzen und ihre Sicherung durch starke Polizeieinheiten aus der gesamten EU.

Ausweisung aller, die keinen Meldenachweis erbringen können.

Die Änderung des Asylrechts.

Das Demonstrationsrecht wird für Asylbewerber außer Kraft gesetzt.

Reisen von Asylanten in andere EU-Länder sind nur begrenzt und nach Bewilligung einer Behörde möglich.

Die zeitliche Begrenzung von Asyl. Das heißt: Nur solange Schutz notwendig ist.

Sofortige Ausweisung und Abschiebung bei Vergehen gegen unser Recht.

Die unmittelbare Abschiebung aller Personen, die kein Anrecht auf Asyl haben.

Abschiebung von Asylbewerbern, denen Kontakt zu Salafisten nachgewiesen wird.

Kürzung der finanziellen Unterstützung und nur geringe Barmittel für Asylbewerber.

Kopfgeld gegen Schleuser und eine wesentlich strengere Bestrafung der Fluchthelfer.

Sofortige Beschlagnahmung aller Schleuserfahrzeuge, inklusive Boote, Schiffe und Flugzeuge.

Deutliche Aufstockung der Hilfen für Flüchtlingslager in der Türkei, im Libanon, in Jordanien.

Stärkere diplomatische Anstrengungen zur Lösung der Konflikte in Syrien, im Irak, in Libyen und in Afghanistan.

Entwicklungshilfen für Afrika, aber nicht in Form von Geldverteilungsaktionen.

Stärkere Verpflichtung und damit Einbindung der Hauptverursacher USA und England.

Bundestagspräsident Norbert Lammert äußerte sich besorgt über die Demokratiemüdigkeit in der Bevölkerung. Nur noch ein geringer Teil  der erwachsenen Deutschen nimmt bei Wahlen teil. Die Mehrheit der Bevölkerung zweifelt an der Staatsform Demokratie.

Ausschnitt aus einem Artikel der Allgäuer Zeitung nach einer dpa-Meldung

Lammert: „Nehmt die Sache ernst"
Demokratie – Zweifel fatal

Bundestagspräsident Norbert Lammert (CDU) hat sich besorgt über die wachsenden Zweifel der Deutschen an der Demokratie geäußert.

„Nehmt die Sache ernst", sagte er der Welt am Sonntag. „Der Befund ist keineswegs eine bloße Momentaufnahme, sondern verdeutlicht eine Krise, die sich seit Jahren in rückläufigen Wahlbeteiligungen und einem dramatischen Verlust der Bindungskraft der Volksparteien zeigt." In einer Umfrage hatte kürzlich erstmals eine Mehrheit an der Demokratie als Staatsform gezweifelt. Lammert sagte, dabei müsse zwischen der Zustimmung zur Demokratie als Staatsform und Kritik an der Arbeit demokratischer Institutionen oder konkreter Politik unterschieden werden. „Jede faire Betrachtung zeigt, dass die Probleme, mit denen die Politik sich heute auseinandersetzen muss, größer und schwieriger sind als früher."


Doch warum gibt es diese Lethargie, diese ausgesprochene Politikmüdigkeit?
Der Bürger fühlt sich nicht mehr verstanden. Mancher Wahlkreisabgeordnete setzt sich mehr für Dinge ein, die ihm finanziellen Vorteil bringen, als für die Sorgen der Wähler. Sonst wären auch einige der vielen negativen Erlebnisse der Bevölkerung mit Flüchtlingen als Denkanstöße bei der Bundesregierung angekommen. Das ist jetzt nur ein Beispiel von vielen, denn man regiert allgemein über die Interessen der Bürger hinweg, regiert von oben herunter wie in einem Feudalstaat. Wen wundert es, dass in weiten Teilen der Menschen Politikverdrossenheit herrscht?

Bürger in Angst